中国文化ABC

文学与艺术

主编：朱法元　夏汉宁
编著：黎　清　倪爱珍

江西人民出版社
Jiangxi People's Publishing House
全国百佳出版社

目录

第一章 古典文学

第二章 上古神话

第三章 民间传说

第四章 史诗叙事

第五章 四大名著

第六章 近代文学

CONTENTS

Chapter I Classical Literature

Chapter II Ancient Myths

Chapter VI Modern Literature

Chapter VII Classical Art

Postscript

第一章 古典文学

Chapter I

Classical Literature

1.《诗经》

《诗经》是中国第一部诗歌总集。它汇集了从西周初年到春秋中叶，也就是公元前 1100 年到公元前 600 年，500 多年间的诗歌 305 篇，另有 6 篇笙诗，有目无词。《诗经》在先秦叫作《诗》，或者取诗的数目整数叫《诗三百》。从汉代起，儒家学者把《诗》当作经典，尊称为《诗经》。《诗经》与《尚书》《礼记》《周易》《春秋》并称“五经”，且为“五经”之首。

《诗经》中的诗当初都是配乐的歌词，按所配乐曲的性质，分成“风、雅、颂”三类。“风”就是各地方的民歌、民谣，因包括 15 个诸侯国的民歌，也称“十五国风”，共 160 篇，占了《诗经》的一半以上。与“雅”“颂”相比，“风”生活气息更浓，如开篇《关雎》写初涉爱河的青年，《氓》写被丈夫抛弃的女子的哀怨，《静女》写恋爱时男女的微妙心理。“雅”是周王朝直辖地区的音乐，是正统的宫廷乐歌，按音乐的不同分为《大雅》31 篇，《小雅》74 篇，共 105 篇。《大雅》用于隆重盛大的宴会典礼，《小雅》则用于一般的宴会典礼。“颂”是祭

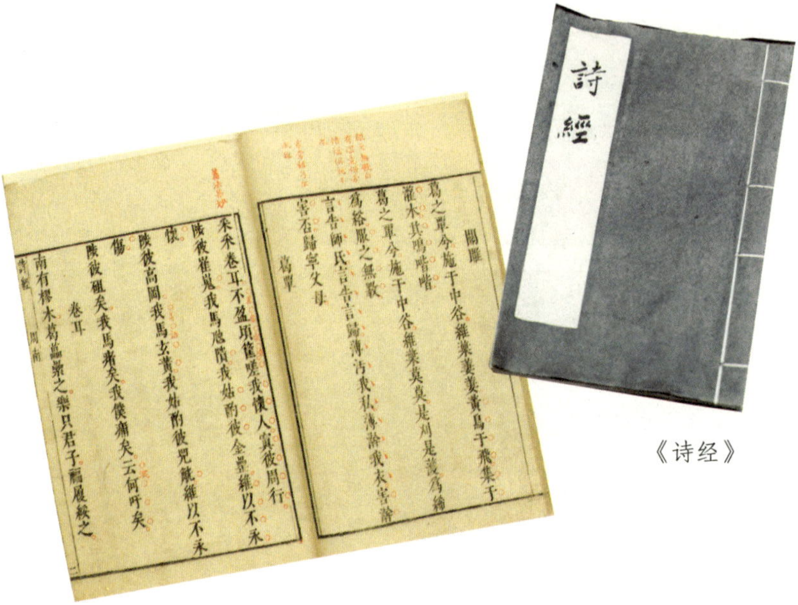

《诗经》

祀乐歌，用于宫廷宗庙祭祀祖先，祈祷赞颂神明，分为《周颂》31 篇，《鲁颂》4 篇，《商颂》5 篇，共 40 篇。

《诗经》是中国韵文的源头，是中国诗史的光辉起点。它形式多样，内容丰富，对周代社会生活的各个方面，如劳动与爱情、战争与徭役、压迫与反抗、风俗与婚姻等都有所反映。其中有些诗，如《大雅》中的《生民》《文王》《召旻》等，记载了后稷降生到武王伐纣，是周部族起源、发展和立国的历史叙事诗。

在表现手法上，《诗经》以四言为主，兼有杂言，反复咏叹。在结构上，《诗经》多采用重章叠句的形式加强抒情效果，每一章只变换几个字，却能收到回旋跌宕的艺术效果。此外，《诗经》还大量运用赋、比、兴的表现手法。赋，是指铺陈叙述，即直接表达自己的感情。比，就是比喻。《诗经》中用比喻的地方很多，如《氓》用桑树从繁茂到凋落的变化来比喻爱情的盛衰。兴，就是借助其他事物为所咏之内容做铺垫，它往往用于一首诗或一章诗的开头。

《诗经》由于其内容丰富、思想和艺术上的高度成就，对后世文学产生了不可磨灭的影响。早在春秋时期，《诗经》就已广泛流传，是中国几千年来贵族教育中普遍使用的文化教材。《诗经》还走向了世界，日本、朝鲜、越南等国很早就传入汉文版《诗经》；从 18 世纪开始，《诗经》又出现了法文、德文、英文、俄文等译本。

2. 楚辞

楚辞又称“楚词”，是战国后期以屈原为代表的诗人，在楚国民歌基础上开创的一种新诗体。西汉末年，刘向将屈原、宋玉的作品以及汉代淮南小山、东方朔、王褒等人模仿屈原、宋玉的作品共 16 篇辑录成集，定名为《楚辞》，东汉王逸又增入自己的作品《九思》，成 17 篇。《楚辞》成为继《诗经》之后，对我国文学具有深远影响的一部诗歌总集。由于屈原的《离骚》是《楚辞》的代表作，故楚辞又称为“骚”或“骚体”。《楚辞》作为第一部浪漫主义诗歌总集，是中国浪漫主义诗歌的源头。

现存的《楚辞》总集中，主要是屈原及宋玉的作品。作品运用楚地（今湖南、湖北一带）的文学样式、方言声韵，叙写楚地的山川人物、历史风情，具有浓厚的地方特色。它们是与中原文化交相辉映的楚文化的重要组成部分。

楚辞的主要作者是屈原，他创作了《离骚》《九歌》《九章》《天问》等不朽作品。屈原（约前 339—约前 278），名平，是中国文学史上最早出现的爱国诗人。他因主张彰明法度、举贤授能、联齐抗秦，受楚怀王之子子兰及靳尚等人谮毁，被革去官职。楚襄王时，屈原被放逐，他无力挽救楚国危亡，又无法实现自己的政治理想，于是投汨罗江而死。《离骚》是屈原的代表作。这篇宏伟的政治抒情诗表现了作者为

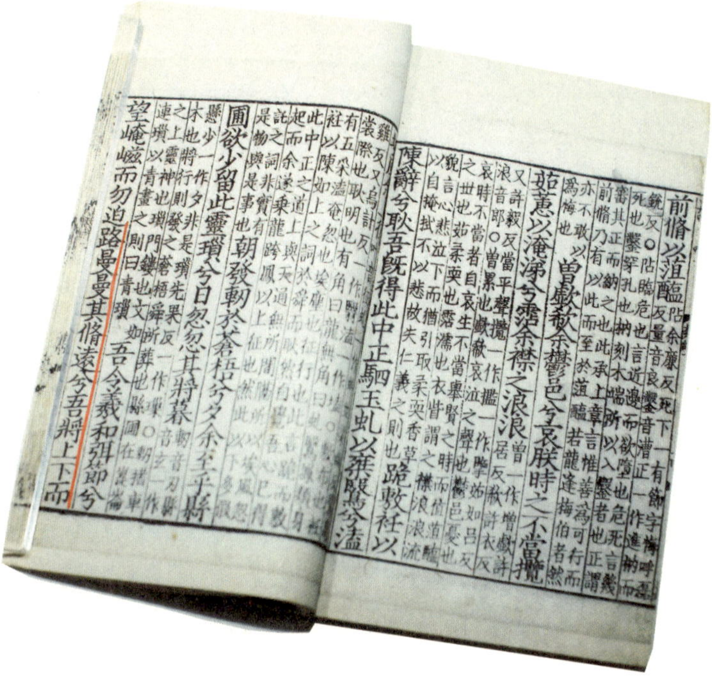

《楚辞》

实现理想而不懈斗争，和斗争中所遇到的挫折及自己的苦闷。全诗充满了浓烈的激情和奇幻的想象，表现了诗人忠贞不渝的故国情感和追求崇高理想九死不悔的精神。

楚辞是在楚国民歌的基础上经过加工、提炼而发展起来的，有着浓郁的地方特色。由于地理、语言环境的差异，楚国一带自古就有它独特的地方音乐，古称南风、南音；也有它独特的土风歌谣。更重要的是楚国历史悠久，楚地巫风盛行，楚人以歌舞娱神，使神话得以大量保存，诗歌音乐的迅速发展使楚地民歌中充满了原始的宗教氛围。所有这些使得楚辞具有楚国特有的音调、音韵，同时具有深厚的浪漫主义色彩和浓厚的巫文化色彩。可以说，楚辞的产生是和楚国地方民歌以及楚地文化传统的熏陶分不开的。

《楚辞》在中国诗史上占有重要的地位。它的出现，打破了《诗经》以后两三个世纪的沉寂，在诗坛上大放异彩。后人也因此将《诗经·国风》与《楚辞·离骚》并称为“风骚”。“风”指十五《国风》,代表《诗经》，充满着现实主义精神；“骚”指《离骚》，代表《楚辞》，充满着浪漫主义气息。“风”“骚”成为中国古典诗歌现实主义和浪漫主义创作的两大代表。

3. 汉赋和汉乐府

汉赋是在汉代出现的一种有韵的散文，它的特点是韵散结合，以铺叙为主。汉赋的内容可分为五类：一是渲染宫殿城市，二是描写帝王游猎，三是叙述旅行经历，四是抒发不遇之情，五是杂谈禽兽草木。前两者是汉赋的代表。赋是继《诗经》《楚辞》之后，在中国文坛上兴起的一种新的文体。在两汉 400 多年间，一般文人多致力于这种文体的写作，因而赋盛极一时，后世往往把它看成是汉代文学的代表。

汉赋分为大赋和小赋。大赋又称散体大赋，规模巨大，结构恢宏，

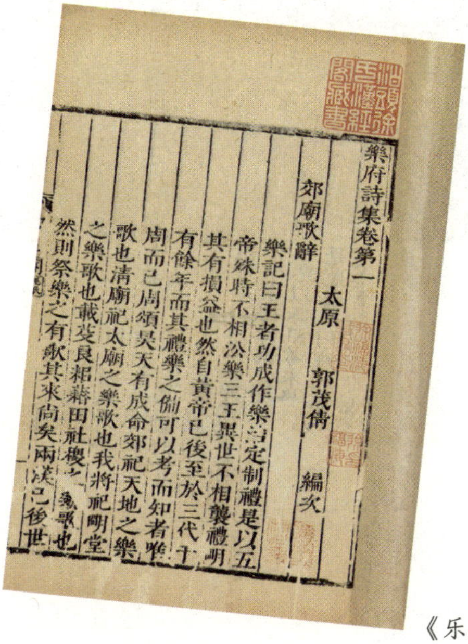
樂府詩集卷第一
太原 郭茂倩 編次
郊廟歌辭
樂記曰王者功成作樂治定制禮是以五帝殊時不相沿樂三王異世不相襲禮明其有損益也然自黃帝已後至於三代千有餘年而其禮樂之備可以考而知者唯周而已周頌昊天有成命郊祀天地之樂歌也清廟祀太廟之樂歌也我將祀明堂之樂歌也載芟良耜藉田社稷之樂歌也然則祭樂之有歌其來尚矣兩漢已後世

《乐府诗集》

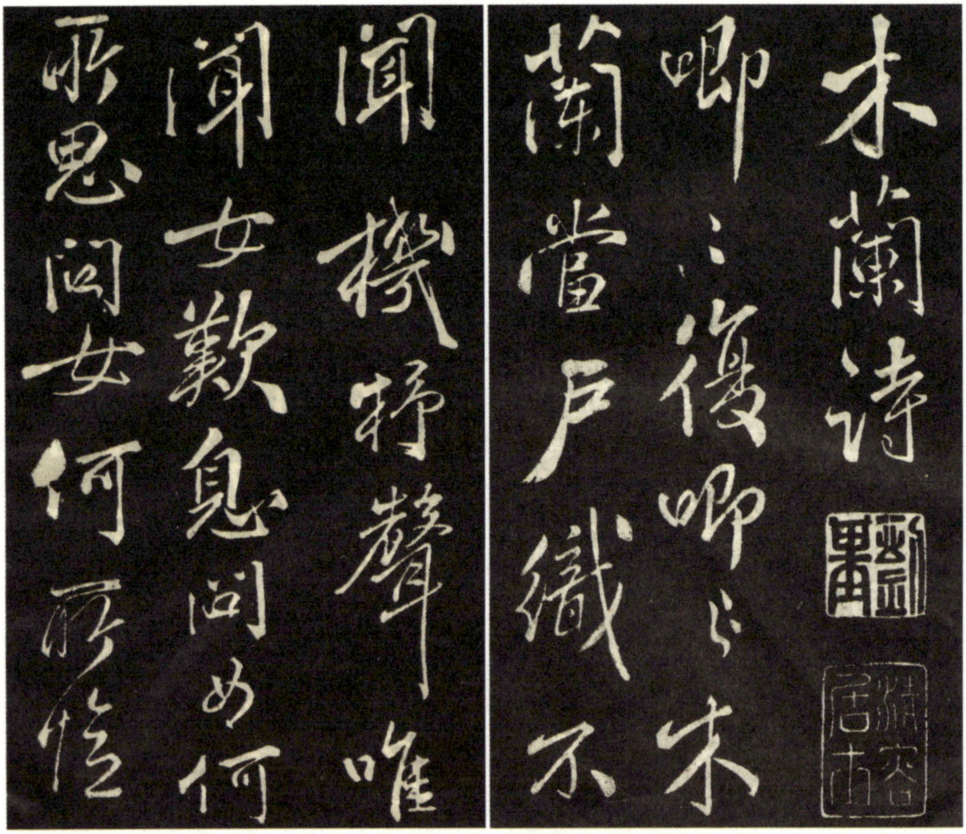

米芾书《木兰诗》

气势磅礴，语汇华丽，往往是成千上万言的长篇巨制。西汉时的贾谊、枚乘、司马相如、扬雄，东汉时的班固、张衡等，都是大赋的行家。司马相如、扬雄、班固、张衡被誉为“汉赋四大家”。小赋在保留汉赋基本文采的基础上，创造出篇幅较小、文采清丽、讥讽时事、抒情咏物的短篇，赵壹、蔡邕、祢衡等都是著名的小赋作家。

汉乐府是指汉代乐府官署所采制的诗歌，是汉代的又一大文学样式。汉乐府一部分是供执政者祭祀祖先神明使用的郊庙歌辞，其性质与《诗经》中“颂”相同；另一部分则是采集民间流传的俗乐，世称乐府民歌。

乐府诗历来根据所用音乐不同来分类。宋人郭茂倩所编《乐府诗集》100 卷，是收罗汉至五代乐府最为完备的一部诗集。《乐府诗集》现存汉乐府民歌 40 余篇，多为东汉时期作品，反映当时的社会现实与人民生活，包括对阶级剥削和压迫的反抗，对战争和徭役的控诉，对封建礼教和包办婚姻的抗议，对劳动人民坚贞爱情的歌颂等，用犀利的言辞表现爱恨情感，较为倾向于现实主义风格。《陌上桑》和《孔雀东南飞》都是著名的汉乐府民歌，后者是中国古代最长的叙事诗，与北朝民歌《木兰诗》合称“乐府双璧”。

汉乐府是继《诗经》之后，古代民歌的又一次大汇集。汉乐府民歌中女性题材作品占重要地位，它用通俗的语言构造贴近生活的作品，由杂言逐渐趋向五言，采用叙事写法，刻画人物细致入微，创造人物性格鲜明，故事情节较为完整，开拓了叙事诗发展成熟的新阶段，是中国诗史上五言诗体发展的一个重要阶段。

4. 唐诗

唐诗，即唐代诗歌。唐代是中国古典诗歌发展的全盛时期。唐诗是我国优秀的文学遗产之一，尽管距现在已经有 1000 多年了，但唐代的许多诗篇在今天仍广为流传。其中由清代人孙洙选编的《唐诗三百首》，便是家喻户晓的唐诗选本。

唐代的诗人非常多，犹如天空中的星星，今天我们知道名字的诗人就有 2000 多人。他们的作品，保存在《全唐诗》中的就有 48900 多首。唐诗的形式多种多样，有古体诗，基本上是五言和七言两种；近体诗，包括绝句和律诗，又各有五言和七言的差别。近体诗有严格的音律要求，所以有人又称它为格律诗。

唐代诗歌主要分为初唐诗歌、盛唐诗歌、中晚唐诗歌。初唐，是唐诗繁荣的准备时期。在这一时期，重要诗人有被称为“初唐四杰”的王勃、杨炯、卢照邻、骆宾王。此外，还有陈子昂、沈佺期、宋之问等。在初唐阶段，唐代诗歌的样式已经基本形成。到公元 8 世纪初，唐朝出现了所谓的“开元盛世”，经济、文化发展达到鼎盛，诗歌创作领域也出现了大批优秀诗人，创作了异常丰富的诗歌，其中描写田园山水和边塞战争的诗占相当大的比重。“诗仙”李白和“诗圣”杜甫也出现在这一时期。盛唐成为唐代诗歌史上的鼎盛阶段。唐代中后期，鼎盛时期虽然已经过去，但当时的诗歌创作并没有衰歇，先后出现了韩愈、柳宗元、李贺、白居易、元稹、刘禹锡、杜牧、李商隐、温庭筠等风格不一的杰出诗人。他们的诗从不同角度反映了唐朝从强盛走向衰落的过程，艺术性比较高，对后世影响也很大。

唐代出现了两位非常重要的诗人，那就是“诗仙”李白和“诗圣”杜甫。这两位诗人在中国诗歌史上地位非常高，后世许多诗人都曾受到过他们的影响。

李白（701—762），祖籍陇西（今甘肃省）。李白创作了许多瑰丽的诗歌，是浪漫主义诗歌的代表人物，其代表作品有《将进酒》《望庐山瀑布》等。他的诗歌主要特点是：第一，具有浓烈的激情。李白爱憎分明，高兴时喝酒唱歌，仰天大笑；悲愤时哭笑怒骂，无所避忌。

李白

杜甫

第二，具有丰富的想象力。灵感来时有如闪电，灵感去时有如疾风，变幻莫测。第三，常用夸张的语言来抒发情感，如用“白发三千丈”来描写忧虑愁绪。正因为如此，李白被人们称为“诗仙”。

杜甫（712—770），生于河南省巩县。杜甫出生于富有文化教养的家庭，祖父杜审言是一位著名的诗人。杜甫是现实主义诗歌的代表人物，他创作了大量反映当时社会生活的诗歌，在诗歌中书写人民悲惨的命运和遭受的不公平。在这方面，他是中国传统知识分子的典范。他“读书破万卷”，善于学习和继承传统；他“语不惊人死不休”，写诗态度严肃认真。无论古体诗还是近体诗，他都写得出神入化。因此，杜甫被人们称作“诗圣”。在四川省成都市，至今还留有一处杜甫的遗迹，这就是“杜甫草堂”。“杜甫草堂”成为人们特别是诗人瞻仰和怀念杜甫的地方，吸引着无数人的到来。

唐诗是唐代最具代表性的文学样式，是中国诗歌史上的一座高峰。同时，唐诗也已经成为一个文化符号，成为中国传统文化中的一个基本要素。

5. 宋词

宋词，即宋代的词。词是一种音乐文学，所以又称为“曲子词”。词起源于隋朝，形成于中晚唐，兴盛于宋朝。《全宋词》一共收录了宋朝词人1330多人，将近20000首词。从这组数字可以知道当时宋词创作的盛况。宋词都有词牌，例如《满江红》《西江月》《菩萨蛮》等，它规定着词的格式。创作词时必须按照词牌所规定的格式。

宋词在发展过程中，出现了许多著名的词人。其中的代表人物主要有：晏殊、晏几道、柳永、苏轼、周邦彦、李清照、辛弃疾、姜夔等。

晏殊（991—1055），江西省临川人，北宋著名词人。他的词集为《珠玉词》，共收录词130余首。晏殊的词多表现他的诗酒生活和悠闲情致，语言含蓄婉丽，音韵和谐，颇受南唐冯延巳的影响。在晏殊词中有一首《浣溪沙·一曲新词酒一杯》，其中的两句“无可奈何花落去，似曾相识燕归来”，成为千古传诵的名句。晏几道，是晏殊的第七个儿子，也是一位著名的词人。他的《小山词》收录词200多首。在词中，他怀念往事，抒写哀愁，饱含感伤，情感深沉真挚，具有极高的艺术境界，以致人们认为他的词“能动摇人心”。在词的成就上，晏几道与其父齐名，世称“二晏”。

柳永（约987—约1053），福建省武夷山人，是北宋第一位专业词人，其代表作有《雨霖铃·寒蝉凄切》《望海潮·东南形胜》等。柳永年轻的时候有过一段都市和妓院生活的经历，所以他的词多描绘宋朝都市生活，尤其是他与歌女、妓女之间的交往和爱情。他的词具有通俗化和口语化的特点，词作流传极广，不仅为妓女们所喜爱，而且皇帝也非常喜欢。据说，当时凡是有人的地方就会有人唱柳永的词。柳永的词集为《乐章集》，有词约200首。

苏轼（1037—1101），四川省眉山人，北宋著名词人。苏轼的词现存 340 多首，他的词改变了过去专写男女恋情和离愁别绪的狭窄题材，具有广阔的社会内容。苏轼在中国词史上具有重要而特殊的地位。他改革了晚唐、五代以来的传统词风，在词的创作中采用诗的创作方法，开创了与婉约词派并立的豪放词派，丰富了词的意境，对词的革新和发展做出了重大贡献。苏轼名作有《念奴娇·赤壁怀古》《水调歌头·明月几时有》等，与辛弃疾并称“苏辛”。

苏轼

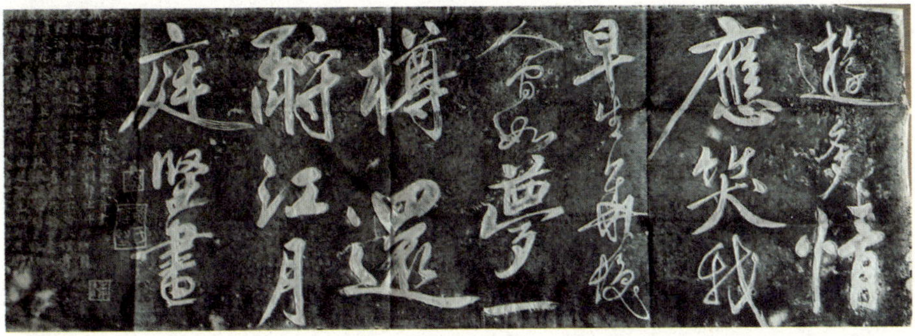

黄庭坚书《念奴娇·赤壁怀古》

周邦彦（1056—1121），浙江省杭州人，北宋著名词人。周邦彦精通音律，因此他的词在音律上非常谨严。周邦彦的词多表现男女恋情，语言精致典雅，极具艺术性。周邦彦在宋代影响非常大，是北宋末年婉约词派的“集大成”者。他的词集为《清真词》，又名《片玉集》。

李清照（1084—1155），号易安居士，山东省济南人。李清照出生于一个爱好文学艺术的家庭，是中国文学史上最伟大的女词人。李清照的词前期多写悠闲的生活和相思的情感；后期多抒发命运的飘零，情调非常感伤。她擅长以女性特有的视角，表达丰富细腻的情感。她反对以写诗文的方法写作词。她的代表词有《声声慢·寻寻觅觅》《一剪梅·红藕香残玉簟秋》等，词集有《漱玉词》。

辛弃疾（1140—1207），号稼轩，山东省济南人，南宋著名词人。在历史上，他与苏轼并称为“苏辛”，与李清照并称“济南二安”。辛弃疾的词热情洋溢，慷慨悲壮，风格雄厚豪迈，形成了一种以豪放为主的词风。他的词被称作是“词中之龙”。辛弃疾在苏轼的基础上，大大开拓了词的意境，提高了词在文学上的地位。

姜夔（约1155—约1221），江西省鄱阳人，南宋著名的音乐家和词人。姜夔童年时便失去父母，在姐姐家度过了青少年时期。他爱好音乐、文学和书法。他的词以忧郁凄凉为主要风格，形成一种与婉约和豪放不同的“清雅”词风。值得一提的是，姜夔曾在自己创作的词旁，标注了一种中国古代使用的乐谱。这是现今唯一保留下来的有关宋词的音乐文献，具有重大价值。姜夔的词集为《白石道人歌曲》。

宋词是中国古代文学皇冠上一颗光辉夺目的钻石。它被称为是“中国诗中最美的诗”。

6. 唐宋八大家

“唐宋八大家”是唐宋时期八位著名散文作家的合称，即唐代的

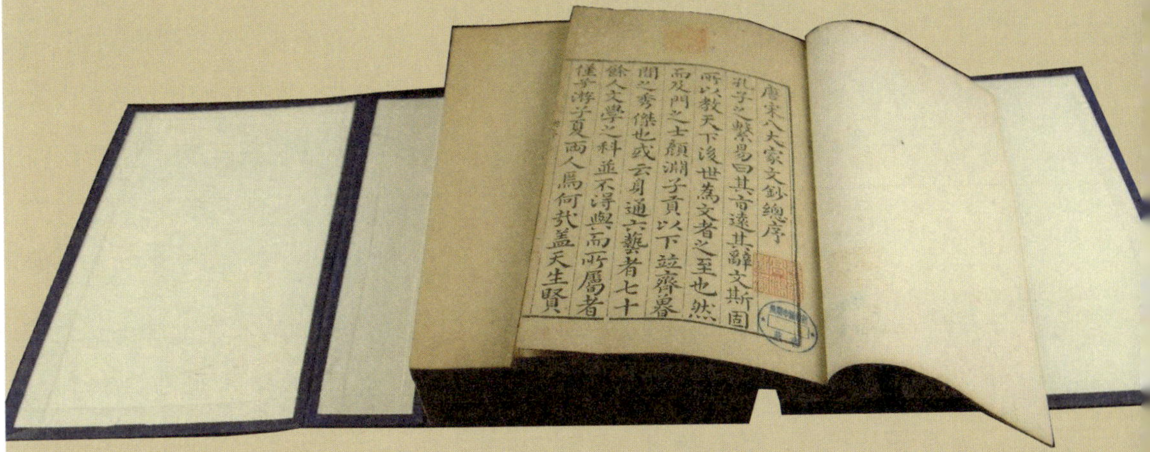

《唐宋八大家文钞》

韩愈、柳宗元和宋代的欧阳修、曾巩、王安石、苏洵、苏轼、苏辙。明朝初年，朱右将以上八位散文家的文章编成《八先生文集》，八大家之名始于此。不久后，茅坤又选了以上八位散文家的文章，编为《唐宋八大家文钞》，“唐宋八大家”的名称于是固定下来，为后人所沿用。

韩愈（768—824），河南省孟州人，祖籍河北昌黎，所以又称韩昌黎。他是唐代杰出的文学家，唐代古文运动的领袖，“唐宋八大家”之首，在中国散文发展史上有着崇高的地位。他在科举和仕途上屡受挫折，思想倾向复古，提倡儒家正统思想。他领导的唐代古文运动，反对华而不实的形式主义文风，提出了文道合一的写作理论，对后人具有指导意义。他著有《韩昌黎集》。

柳宗元（773—819），祖籍河东（今山西运城），又称柳河东。柳宗元生于长安，贞元九年（793）考取了进士。他是唐代著名文学家。作为唐代古文运动倡导者和唐宋八大家之一，柳宗元反对过去文坛上出现的华丽文风，提倡质朴流畅的散文。他著有《柳河东集》。

欧阳修（1007—1072），号醉翁，祖籍江西永丰，出生于四川绵阳。北宋著名政治家、文学家、史学家。欧阳修在政治和文学上都主张革新，既是范仲淹庆历新政的支持者，也是北宋诗文革新运动的领导者。他喜欢奖掖后进，苏洵和苏轼、苏辙父子及曾巩、王安石都是他的门生。他的诗、词、散文创作在当时都非常著名，尤其是他的散文说理畅达、抒情委婉，影响深远。他著有《欧阳文忠公集》。

苏洵（1009—1066），四川省眉山人，著名散文家，与其儿子苏轼、苏辙合称“三苏”。苏洵擅长写作散文，特别擅长写议论政治的散文。他的散文议论明畅，笔势雄健。其著有《嘉祐集》。据说苏洵 27 岁才开始发愤读书，经过 10 多年的努力学习，最终在文学上取得了很大的成就。

苏轼（1037—1101），四川省眉山人，是苏洵的第五个儿子。他在诗、词、散文、书画等方面都取得了杰出的成就，又称苏东坡。嘉祐二年（1057），他与弟苏辙一起考取进士。元丰二年（1079），苏轼遭遇“乌台诗案”，被贬官流放。他著有《东坡全集》。苏轼的文学主张与欧阳修一脉相承，但更强调文学的独创性、表现力和艺术价值。

“三苏”雕像

苏轼是继欧阳修之后主持北宋文坛的领袖人物，在当时的作家中享有巨大的声誉，是中国历史上少有的文学和艺术天才。

苏辙（1039—1112），四川省眉山人。当苏轼因为写诗被捕入狱时，他请求以自己的官职为兄赎罪。苏辙的学问深受他的父亲和兄长影响。苏辙在古文写作上主张“养”，认为“养气”既在于内心的修养，但更重要的是依靠广阔的生活阅历。他著有《栾城集》。

王安石（1021—1086），江西省临川人，又称王荆公，世称临川先生。北宋杰出的政治家、思想家、文学家和改革家。熙宁三年（1070 年），王安石为宰相，开始大力推行改革。王安石不仅是一位杰出的政治家和思想家，同时也是一位卓越的文学家。他强调文学的作用首先在于为社会服务。因为王安石以“适用”作为文学创作的根本，所以他的作品多揭露时弊、反映社会矛盾，具有较浓厚的政治色彩。他著有《王临川集》。

曾巩（1019—1083），江西省南丰人。北宋文学家、史学家、政治家。曾巩在思想上强调“仁”和“诚”，他的散文创作成就很高，是北宋诗文革新运动的积极参加者。他的散文主要学习司马迁、韩愈和欧阳修，主张用文章来阐明道德。曾巩的散文对后世的影响很大。明代散文家王慎中、唐顺之等，清代散文家方苞、姚鼐等，都非常尊崇他的散文。他的主要著作有《元丰类稿》。

唐宋八大家的散文代表了唐宋散文的最高成就，是中国古代散文的优秀典范。

7. 元曲

元曲，即元代戏曲，包括散曲和杂剧，是元代文学主体。元曲和唐诗、宋词并举，成为我国文学史上三座重要的里程碑。由于元杂剧的成就和影响远远超过散曲，因此元曲也经常单指元杂剧。以下主要介绍元杂剧。

13 世纪后半期是元杂剧最繁盛的时期。元杂剧作为一种新型的完整的戏剧形式，有其自身的特点和严格的体制。它形成了歌唱、说白、舞蹈等有机结合的戏曲艺术形式，并且产生了韵文和散文结合的、结构完整的文学剧本。

元杂剧的角色分为旦、末、净、杂。旦包括正旦、外旦等，正旦为杂剧中主要的女演员，外旦为杂剧中次要的女演员。末包括正末、副末等，正末是杂剧中主要的男演员，副末是杂剧中次要的男演员。净是刚烈豪强及喜剧性人物。杂是除以上三类外的演员。

元杂剧在发展繁荣的过程中，出现了许多优秀的剧作家和作品。这其中有被称为“元曲四大家”的关汉卿、马致远、郑光祖和白朴。

关汉卿（约 1225—约 1300），北京人，元杂剧奠基人。关汉卿活跃于杂剧创作圈中，与许多作家演员有交往。他主要在北方戏剧圈活

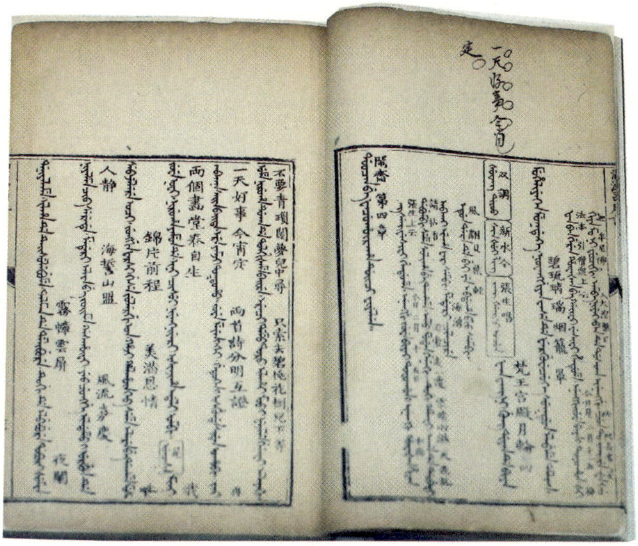

《西厢记》满文版

动，也曾到过杭州等地。他的成就主要是在杂剧创作方面，一生写了 67 部杂剧，今存 18 部，最著名的是《窦娥冤》。

马致远（约 1250—约 1323），北京人，元代初期杂剧作家。他的杂剧特点是语言清新，善于把比较朴实自然的语句变得精致而富有表现力。其代表作《汉宫秋》被后人称作元曲的最佳杰作。同时，马致远也是撰写散曲的高手，是元代散曲大家，被誉为“曲状元”，今存散曲 130 多首。他的写景散曲《天净沙·秋思》，如诗如画，余韵无穷。

郑光祖，山西省临汾人，生于元世祖至元初年（1264），元代著名杂剧家。郑光祖在南方戏剧圈中成就最为突出，一生写过 18 部杂剧剧本，其中以《倩女离魂》最为著名，描写的是王文举与倩女之间的爱情故事。在他的杂剧中，主要有两个主题：一个是青年男女的爱情故事，另一个是历史题材故事。

白朴（约 1226—1306），原名恒，后改名为朴。山西省河曲人，元代著名杂剧作家。白朴出身于官员家庭，他的父亲曾在金朝任官。他的著名杂剧作品《梧桐雨》是描写唐朝皇帝李隆基、杨玉环爱情生活和政治遭遇的历史剧，对清代洪昇的戏曲《长生殿》有着重大影响。

在元杂剧中，还有所谓的“元曲四大悲剧”，即关汉卿的《窦娥冤》、白朴的《梧桐雨》、马致远的《汉宫秋》、纪君祥的《赵氏孤儿》；以及“元曲四大爱情剧”，即关汉卿的《拜月亭》、王实甫的《西厢记》、白朴的《墙头马上》、郑光祖的《倩女离魂》。

元杂剧是一种非常具有中国传统特色的戏曲艺术形式。在《宋元戏曲史》中，王国维先生高度称赞元杂剧为“中国最自然之文学”。

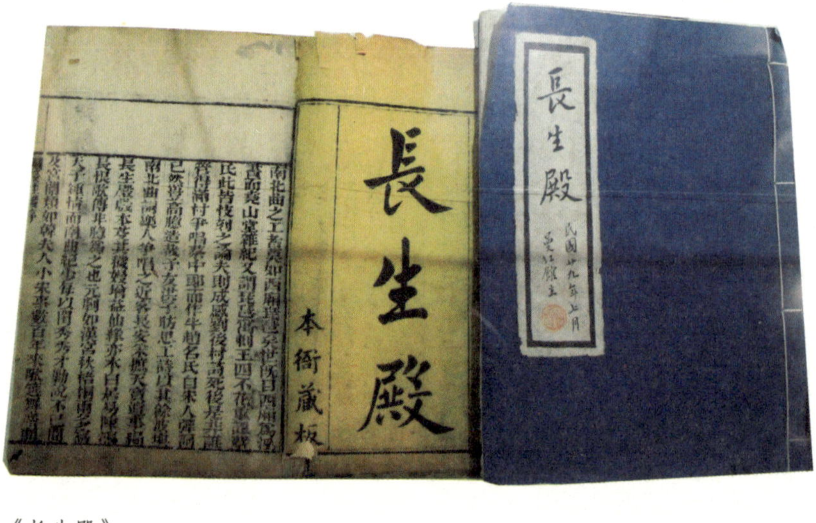

《长生殿》

8. 明清小说

明清是中国小说的繁荣时期。从明代始，小说这种文学形式充分显示出了其社会作用和文学价值，打破了正统诗文的垄断地位。在文学史上，明清小说取得了与唐诗、宋词、元曲并列的地位。

明代文人创作的小说主要有白话短篇小说和长篇小说两大类。

明人创作的白话短篇小说是摹拟学习宋元话本的产物，故被称为“拟话本”。现存最早的明人辑印的话本集是《清平山堂话本》。而收集白话短篇作品较多且对后世影响较大的是明末天启年间冯梦龙编辑的“三言”(《喻世明言》《警世通言》《醒世恒言》)。三书都包括宋元话本和明人的拟话本两部分。其后，凌蒙初模仿“三言”创作了《初刻拍案惊奇》和《二刻拍案惊奇》,合称“二拍”,均为拟话本。“三言”“二拍”是明代白话短篇小说的代表作品。

明代的长篇小说按题材和思想内容，可大概分为五类，即历史演义小说、英雄传奇小说、神魔小说、世情小说和公案小说。历史演义小说，以一朝一代的历史事实作基础，吸取野史杂说和民间传说的内容，演绎扩大而成。“七分事实，三分虚构”是其特点。元末明初罗贯中的《三国演义》是最典型的历史演义小说，代表了历史演义小说的辉煌成就。其他还有《列国志传》《全汉志传》《唐书志传通俗演义》等。英雄传奇小说，与历史演义小说的不同之处在于，它是以描写理想化的传奇式的英雄人物为主，虚构的成分较多。明初施耐庵所著的《水浒传》是其代表作品。其他还有《杨家府演义》《皇明英烈传》等。神魔小说，受到宗教不同程度的影响，内容涉及鬼神魔怪，充满奇异的幻想。吴承恩的《西游记》是神魔小说中最优秀的一部。其他还有《封神演义》《三宝太监西洋记通俗演义》等。世情小说，以社会现实生活，尤其是家庭生活为题材，刻画种种世态人情。兰陵笑笑生

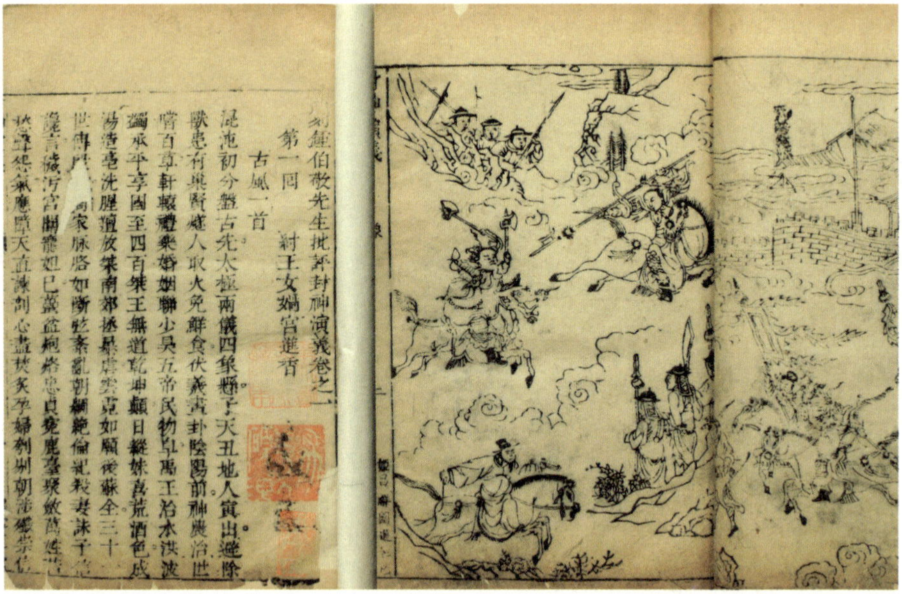

刻鍾伯敬先生批評封神演義卷之一

第一回　紂王女媧宮進香

古風一首

混沌初分盤古先太極兩儀四象懸子天丑地人寅出避除
獸患有巢賢燧人取火免鮮食伏羲畫卦陰陽前神農治世
嘗百草軒轅禮樂婚姻聯少昊五帝民物阜禹王治水洪波
蠲承平享國至四百桀王無道乾坤顛日縱妹喜荒酒色成
湯造亳洗腥羶放桀南巢拯暴虐雲霓如願後蘇全三十
世傳殷紂商家脉絡如斷弦紊亂朝綱絕倫紀殺妻誅子信
讒言穢污宮闈寵妲己蠆盆炮烙忠貞冤鹿臺聚斂萬姓苦
愁聲怨氣應障天直諫剖心盡焚炙孕婦刳剔朝涉殘崇信

《封神演义》

的《金瓶梅》是其代表作品。其他还有《醒世姻缘传》《玉娇梨》等。公案小说，主要描写冤狱诉讼，反映社会黑暗、政治腐败。较著名的公案小说有李春芳的《海刚峰先生居官公案传》和无名氏的《包孝肃公百家公案演义》等。

清代的阶级矛盾、民族矛盾和思想文化领域里的斗争，对小说创作影响深刻。清初至乾隆时期是清代小说发展的全盛时期，数量和质量、内容、形式、风格和流派等与前代相比都有较大发展。清代小说多取材于现实生活，较充分地体现了作者个人的意愿，在结构、叙述和描写人物各方面都比较成熟。乾隆年间的《聊斋志异》和《红楼梦》，分别把文言小说和白话小说的创作推向

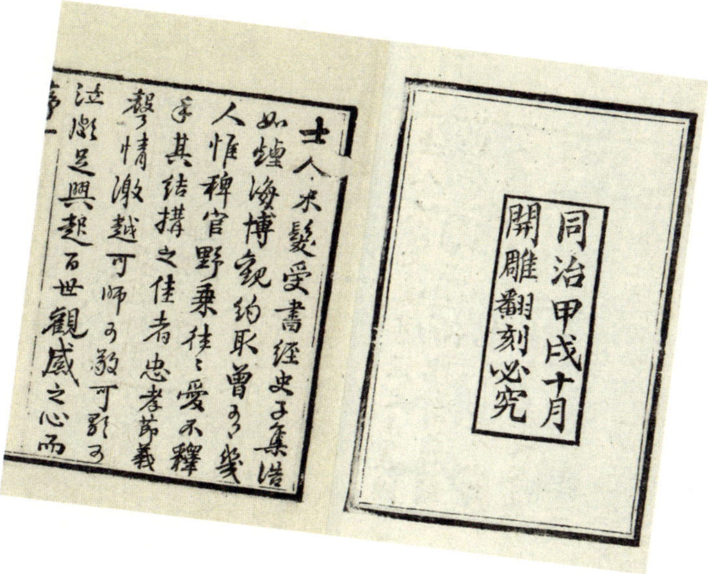

《儒林外史》

顶峰。除此以外，比较著名的清代长篇小说还有《儒林外史》《隋唐演义》《说岳全传》等。李渔的《无声戏》《十二楼》则是白话短篇小说艺术成就的代表。

中国古代的叙事文学，到了明清步入了成熟期。就文学理念和文学表现手法而言，明清小说将叙事文学推向了极致。从其表现的广阔的社会生活场景、丰硕的艺术创作成果和丰富的社会政治理想而言，明清小说无疑铸就了中国古典文学最后的辉煌。在这一时期，出现了以《红楼梦》《水浒传》《三国演义》《西游记》为代表的“四大名著”。

第二章 上古神话

Chapter II

Ancient Myths

9. 盘古开天

在中国，自古以来一直流传着盘古开天辟地形成宇宙的传说。相传，很久以前，世界上没有天也没有地，整个宇宙就像一个“大鸡蛋”。在这个混沌的“大鸡蛋”中孕育着一个像人的生命，这就是盘古。盘古在“大鸡蛋”里熟睡了18000年之后，一天，当他醒来的时候，周围一片漆黑，什么也看不见。于是，他便奋力将“大鸡蛋”撑破。这时，“大鸡蛋”中的一些像蛋清一样轻的东西便飘浮起来，最后形成了天空；而“大鸡蛋”中一些像蛋黄一样重的东西则渐渐沉下去，结果形成了厚实的大地。

盘古将天地一分开，便觉得非常舒服。但是，刚刚形成的天却不时地往下沉，想与大地连在一块。为了不回到混沌的“大鸡蛋”中去，盘古只得用双手和头拼命地顶着天，用脚踏着地，避免天与地连在一块。盘古每天都这样地撑着，随着他身体的不断增长，天和地之间的距离也变得越来越遥远了。最终，天地永久分开，盘古也感到非常累了，于是他便躺下休息。

盘古雕像

躺下之后，盘古就再也没有起来。他的头变成了东岳，也就是泰山；他的腹部变成中岳，也就是嵩山；他的左臂变成了南岳，也就是衡山；他的右臂变成了北岳，也就是恒山；他的脚变成了西岳，也就是华山；他从嘴里呼出的气，也变成了春风和云雾；他的声音变成了下雨时的雷鸣；他的左眼变成了炙热的太阳，每天给大地传送温暖；他的右眼变成了皎洁的明月，给人们以照明；他的血液变成了江河湖泊；他的肌肉变成了无数的田地；他的牙齿、骨头和骨髓变成了闪光的金银铜铁、坚硬的石头、圆润的珍珠、精美的玉石；他身上的皮肤和汗毛则变成了无数的花草、树木；而身上的汗水则变成了雨露和甘霖；他的头发和眉毛变成了满天的繁星；他的筋脉变成了地上纵横交错的道路；他的灵魂变成了各种鸟兽鱼虫。就这样，盘古将他的整个身体献给了宇宙。也正因为如此，从此天上才有了日月星辰，地上才有了山川树木、鸟兽鱼虫，宇宙变得丰富多彩，增添了无限的生机。

盘古以自己的生命创造了丰富多彩的宇宙世界，他被中国的先民看作是创造宇宙的一位大神，并接受后世中国人的崇拜和祭祀。自古以来，在许多地方都建有纪念盘古的庙，如湖南省的湘乡有“盘古祠”。每年农历三月初三，都有大批的人聚集到“盘古庙”祭拜盘古。

10. 女娲造人

地球上的人类是如何出现的？在中国，流传着一个女娲造人的神话故事。

盘古死后，宇宙万事万物都已经比较具备了，但遗憾的是，地球上还没有出现人类。不知过了多少万年，地球终于出现了一个人类的始祖，她便是女娲。女娲原是天上的女神，她长着人的脑袋，蛇的身子。女娲来到地球之后，发现在她周围只有一些飞禽走兽，而没有人。起初，这些小动物给女娲带来了无穷的快乐。但是时间久了以后，由于动物们都不能说话，女娲想要交流的时候总是找不到对象，她开始感到了孤独与寂寞。一天，女娲感到无聊，于是用树枝搅和着身边的湿泥，并用手随意地捏着，不久后，手中的泥土变成了人的模样。女娲朝泥人吹了一口气，泥人便活了，变成了一个不仅能说话，而且还能够懂得她想法的女人。女娲为了不使女人像自己以前那样孤单，于是她再捏了一个男人，让他们互相为伴。有了两个人在身边，

女娲雕像

女娲觉得开心快乐了许多，于是继续捏了好多对人，最后实在是累了，她就用树枝蘸着湿泥在空中一划，地球上便出现了许多人。为了让这些人繁衍子孙后代，女娲便让男女进行婚配。就这样，地球上从此出现了人类。有人认为，女娲捏的人及其后代后来变成了上流社会，而她用树枝创造出的人则成了下层劳动人民。不管如何，自从女娲造人以后，地球因为有了人类变得更加富有生机和活力。

但是没过多久，突然有一天地球和人类遭受了一场浩劫，天破了，地裂了，大火熊熊，洪水泛滥，人类面临覆亡的危险。这时，女娲目睹着人类的遭遇，不忍心人类遭受灭亡，于是，她炼了一种五色石，并拿它去修补天上破了的缺口，同时又用芦灰去堵住了泛滥的洪水。在女娲的努力下，人类最终才得以恢复往昔平静的生活。

为了感谢女娲对人类的恩德，人们将其称为“女娲娘娘”，并尊她为人类的始祖，全国许多地方都有关于她的祭祀活动。此外，由于传说中人是由女娲用泥土造的，所以中华民族与土地之间有着非常深厚的情感。远走他乡的游子，也常常带上一把故乡的泥土，作为永远的思念。

11. 嫦娥奔月

在远古时代，人类对大自然充满好奇，留下许多传说。关于太阳，中国有后羿射日的传说；关于月亮，则有嫦娥奔月的故事。

据说，后羿射下九个太阳，为老百姓做了一件大好事，受到百姓的尊敬和爱戴。不久，后羿娶了个美丽善良的妻子，她就是嫦娥。结婚后，两人非常相爱，生活十分幸福，人们非常羡慕这对郎才女貌的恩爱夫妻。

一天，后羿来到了一个叫昆仑山的地方，遇见了从此经过的神仙王母娘娘，便向王母求得了一包可以长生不老的药。人服下这种药以

嫦娥奔月

后，能立即升上天堂成为神仙。然而，因为后羿舍不得留妻子在凡间，于是只好把不老药交给嫦娥藏起来。但是，在嫦娥藏药时，不小心被后羿的徒弟蓬蒙看到了。这个蓬蒙一心想取代后羿成为最好的射箭手。

三天后，后羿外出狩猎，心怀鬼胎的蓬蒙假装生病，留了下来。后羿走后不久，蓬蒙手持宝剑闯入后羿住所，威逼嫦娥交出不老药。嫦娥知道自己不是蓬蒙的对手，危急之时，她转身拿出不老药一口吞了下去。嫦娥吞下药，身子立即飘离地面、飞向天空。最后嫦娥来到了月亮上，一个人住在冷清的“广寒宫”，成了长生不老的仙女。由于不能回到地球与后羿相聚，所以嫦娥只能每天晚上在月亮上望着自己的家乡，思念她亲爱的丈夫后羿。

嫦娥奔月的故事反映了中国古人对月亮的无限向往，他们对皎洁的月亮充满着遐想，于是就演绎嫦娥奔月的感人故事。

12. 炎黄二帝

在中国历史上，炎帝和黄帝被认为是中华民族共同的人文始祖。

炎帝，传说为上古时期姜姓部落的首领。据说炎帝的母亲在游览华山时，看见一条神龙，并因此怀孕，回家后便生下炎帝。炎帝一出生就非常聪颖，三天能说话，五天能走路。长大后，炎帝以突出的才能成为部落的首领。相传，他教会老百姓耕种谷物，是农耕文化的创始人，因此被敬称为“神农”；他亲自品尝各种植物，确定它们的药性，以便为人们治病，开中药之先河；此外，他还制造乐器、设立市场、教人织布等，使人类逐渐由蒙昧走向文明。随着部落的逐渐强大，炎帝带领部落不断向外扩张，周围部落纷纷归顺炎帝。

后来，炎帝部落在扩张的过程中与同样强大的黄帝部落发生冲突。最后，炎帝战败，炎帝部落臣服于黄帝部落。

黄帝，传说为上古时期姬姓部落的首领。据说，黄帝的母亲在

炎黄二帝巨型塑像

一天傍晚突然看见北极光，于是怀孕并生下黄帝。黄帝出生几十天就会说话，少年时思维敏捷，为人敦厚能干，后来成为部落的首领。黄帝在中华文明史上有着重要的贡献：他令仓颉创造文字，中国文字一直沿用至今；他让自己的妻子养蚕取丝，以丝制成衣服；他教人们制造舟车、房屋，方便老百姓居住、生活等。在黄帝带领下，其部落文明程度得到提升，实力大增，最终在与炎帝部落的战争中取得胜利。

黄帝部落合并炎帝部落后，成为中原最为强大的部落。随后，黄帝部落与炎帝部落一道，兼并了中原地区其他各个部落，统一了中原，奠定了中华民族文明的基础。炎帝和黄帝作为中华文明的杰出开创者，一直被中国人尊奉为中华民族的人文始祖，至今每个中国人仍将自己称为“炎黄子孙”。为感激炎黄二帝在中国文化史上做出的巨大贡献，许多地方建有他们的陵庙，并在不同的时间里祭祀。

在河南郑州黄河风景名胜区内，炎黄二帝的巨型塑像屹立在黄河岸边。这个雕像高 106 米，比美国自由女神像高 13 米，比俄罗斯母亲像高 21 米。这一巨型雕像吸引着来自海内外的“炎黄子孙”前来瞻仰和祭拜，已成为凝聚全球华人的一个重要标志和象征。

13. 大禹治水

相传，在很久以前，尧统治中国的时代，人们经常遭受洪水灾难的危害。君王尧非常焦急，立即召集各部落首领商量如何治理水患。最后，大家一致推举鲧去治理洪水。鲧接受任务后，决定用土堆筑堤坝的方式来阻挡洪水，结果筑好的堤坝经常被洪水冲垮，洪水之患依然存在，鲧治水工作宣告失败。

后来，舜继承了尧的王位。舜一登上王位便下决心要治理好洪水。这时，鲧的儿子禹已经长大成人，于是舜就任命禹继续治理洪水。经过无数次的失败和教训后，禹逐渐明白：洪水不能一味地去堵，而应该是该堵时堵，该疏通时疏通。明白这个道理以后，禹立刻改变了自己的治水策略。首先，他走遍全国各地，考察河水的走势。弄清楚这些后，他带领人们开渠排水、疏通河道，把河水引到大海。在治理洪水时，禹也和老百姓一起劳动。据说，由于忙着治水，禹曾三次经过自己的家门，都没有进去。这就是人们所传颂的“三过家门而不入”的故事。经过不懈努力，禹终于把全国各地的洪水引入了大海，治水最终获得成功。人们可以在土地上安安心心地耕种，再也不用担心洪水的危害了。

由于禹治水有功，造福了人民，舜年老时便将王位传给他。后人尊称他为“大禹”。作为远古时期中国的一位明君，大禹死后，一直受到华夏子孙的称颂和怀念。在今天浙江省绍兴市的会稽山下，人们修建了一座大禹的陵墓——“大禹陵”，用来纪念他的丰功伟绩。

大禹雕像

第三章 民间传说

Chapter III

Folklore

14. 牛郎织女

在中国，流传着一个古老而美丽的爱情故事，那就是牛郎织女。

传说天庭上有一位非常漂亮的仙女，名叫织女，她是王母娘娘的孙女。一天，织女和几个伙伴偷偷从天庭来到人间，在一个叫碧莲池的地方洗澡。由于在天庭她们很少有这样的自由，所以在洗澡时她们感到无比的高兴和快乐。

在碧莲池附近，有位英俊的小伙子，名叫牛郎。他出身于农民家庭，刚出生不久，他的父母便都离开了人世。牛郎开始和他哥哥、嫂子住在一块，不久后嫂子把他赶出家门，并且只给了牛郎一头老牛。从此，牛郎便与老牛相依为命。实际上，这头老牛是天上的神仙。为了报答诚实善良的牛郎，一天，老牛突然像人一样开口说话了。它说："牛郎，今天你去碧莲池，将会看见一群仙女在碧莲池中玩耍，你将那件红色的衣服藏起来，那穿红衣服的仙女就会成为你的妻子。"牛郎听说后非常高兴，立即赶往碧莲池。

果然如老牛所说，碧莲池里真有一群漂亮的仙女，她们在尽情地嬉戏、玩耍。趁仙女们不注意，牛郎拿起那红色的衣服就跑。仙女们在池水中正玩得高兴，突然看见有人来，便纷纷穿上衣服飞回天庭。织女由于找不到衣服，只能待在水中。这时，牛郎走过来将衣服还给织女，并请求织女做他的妻子。织女见牛郎英俊和善，便答应了牛郎的请求。

牛郎和织女结婚后，相亲相爱，生活过得非常幸福。数年后，他们有了一儿一女，非常活泼可爱。一天，牛郎突然跑回家告诉织女："老牛死了。"老牛临死时，叫牛郎将它的皮剥下来，以后披上牛皮可以飞到天上去。织女一听，心里有一种不祥的预感。就在这时，天空刮起大风，乌云密布。一群神仙从天而降，押着织女飞向天庭。牛郎一看织女被天神抓走，他赶紧披上牛皮，带着两个儿女，去追赶织女。

牛郎织女

鹊桥相会

牛郎披着牛皮飞了起来，眼看和织女的距离越来越近。这时，王母娘娘拔下头上的金簪，往牛郎和织女中间一划，于是在他们中间就出现了一条天河。这条天河非常宽，无论牛郎如何努力都飞不过去。就这样，天河将牛郎和织女分隔在两边，不能相见。至今，我们还可以看到银河两边，各有一颗比较大的星星，那就是织女和牛郎，他们成了天空中的织女星和牵牛星。在牵牛星的旁边，还有两颗比较小的星星，那是牛郎和织女的一儿一女。

织女不能与自己的丈夫和儿女相见，于是整天以泪洗面。最后，王母娘娘向织女承诺：每年的七月初七，织女可以与自己的丈夫和孩子相会一次。在那天，天上无数的喜鹊会飞来为他们架起一座桥梁，人们称它为“鹊桥”。在鹊桥上，牛郎、织女和他们的孩子在那里团聚。据说每年的七月初七夜晚，如果人们在葡萄架下静静地倾听，还能隐约听到牛郎和织女的谈话。

在中国民间，人们将传说中牛郎和织女“鹊桥相会”的日子，也就是每年的农历七月初七，称为“七夕节”，以此纪念牛郎和织女之间纯洁坚贞的爱情。七夕节，就像西方每年2月14日的情人节，被称为是中国的情人节。

15. 孟姜女

在中国民间，关于长城，流传着一个“孟姜女哭长城”的故事。

相传在秦朝时，有一户姓孟的人家，种了一棵瓜苗，瓜藤长到隔壁的姜家并结了瓜。瓜熟时里面突然出来了一个又白又胖的小姑娘，于是两家人就叫她孟姜女，孟姜女最后成为两家共同的女儿。孟姜女长大后聪明伶俐、心地善良，邻居们都喜欢她。

孟姜女庙

当时，秦始皇正到处抓人去修长城。有一个叫范喜良的读书人，为了躲避服役，到处东躲西藏。一天，他感到十分口渴，于是来到孟姜女家。孟姜女的家人知道范喜良的情况后，非常同情他，决定让他藏在自己家里。不久后，孟姜女的父母觉得范喜良非常老实，人也长得英俊，又很有学问，于是决定将孟姜女嫁给他。

但是，两人婚后不到三天，官府便知道了范喜良逃避徭役的事情，于是将他抓去服徭役。丈夫被抓走后，孟姜女整天流着眼泪，思念她的丈夫。孟姜女天天盼着她的丈夫回家，但是一年过去了，还是没有丈夫的消息。于是，孟姜女决定去寻找丈夫。一路上，孟姜女历尽千辛万苦，终于来到了长城脚下。只见成群结队的役工，有的背着又大又重的城砖，有的抬着石块，向高山上艰难地爬行。经过几天的寻找和打听，孟姜女才知道，自己的丈夫范喜良已被累死了，他的尸首还被埋在城墙中。孟姜女听到这一噩耗，真如晴天霹雳。她悲痛万分，一直在长城脚下哭了三天三夜，直哭得天昏地暗，日月无光。这时，只听"轰隆隆"一声巨响，城墙坍塌下来，修好的长城被孟姜女哭倒了八百里，这才露出了范喜良的尸骨。

孟姜女哭倒长城的故事非常动人。它既是对秦始皇时代残酷徭役的控诉，又是对孟姜女真挚爱情的歌颂。为了纪念孟姜女，后人在长城脚下修建了一座"孟姜女庙"。

16. 梁山伯与祝英台

在中国，流传着一个家喻户晓、被誉为千古绝唱的爱情故事，这便是梁山伯与祝英台。

东晋时期，在浙江省上虞县的祝家庄，一户祝姓人家有个女儿叫作祝英台。祝英台美丽聪颖，从小爱好读书，并且她一心想去杭州拜师求学。由于当时女子不允许上学，所以祝英台的父母拒绝了这个请

杭州万松书院

求。但是祝英台坚决想出去求学，她乔装成男子，来到杭州学习。在途中，祝英台邂逅了同样来杭州求学的书生梁山伯。两人一见如故，相互欣赏，他们在一个叫草桥亭的地方结拜为“兄弟”。不久，二人来到杭州的万松书院，一起学习。两人同窗共读，形影不离。祝英台深深地爱上了梁山伯，而梁山伯却始终不知她是女子。三年后，祝英台和梁山伯要各自回家，在分别时，两人依依不舍。在相送途中，祝英台不断暗示自己对梁山伯的爱情。但梁山伯忠厚纯朴，不知道祝英台已经爱上了自己。最后，祝英台不得已谎称家中有个妹妹，长得跟自己很像，愿意将妹妹许配给梁山伯。她希望梁山伯之后能来自己家里娶自己的妹妹。然而，祝英台所说的妹妹就是她自己。

两人分别后，由于贫穷，梁山伯未能如期去祝英台家提亲。等到后来梁山伯去祝英台家求婚时，才知道祝英台所说的妹妹就是祝英台自己，并且她父亲已经将祝英台许配给了别人。梁山伯知道这些后，非常懊悔，一病不起。临死前，他要求家人把自己葬在祝英台结婚要经过的路边，让自己看到祝英台出嫁。祝英台得知这些后，结婚那天，当经过梁山伯的坟墓时，她特意来到墓前祭奠，哭得非常伤心。这时，天空风雨雷电大作，坟墓裂开，祝英台起身跃入坟中，坟墓又合拢，梁山伯与祝英台这对相爱的人便死在了一起。后来，梁山伯和祝英台又都变成蝴蝶，成双成对守在一起。

1000 多年来，梁山伯和祝英台的爱情故事久传不衰。这一东方版的《罗密欧与朱丽叶》，一直被认为是一个经典爱情故事。小提琴协奏曲《梁祝》就是根据这一故事创作的，多年来一直蜚声海内外。

17. 白蛇传

白蛇传的故事发生在宋朝。

据说，很久以前有一条白蛇被一只黑鹰抓住，正当黑鹰准备吃白蛇时，有一位姓许的老人救了这条白蛇。经过千年之后，这条白蛇成了千年蛇妖，而那位姓许的老人则有一个后代，是一位年轻英俊的书生，名叫许仙。

为了报答许氏的救命之恩，白蛇变成人的模样，并取名叫白素贞。白素贞到处寻找许氏的后人，希望能够帮助他们。在寻找的过程中，白素贞遇到一条名叫小青的蛇妖，于是两人结伴而行。通过法术，白素贞知道许氏有个后代名叫许仙，并且知道许仙在某一天一定会去杭州的西湖。

在那一天，白素贞特意来到西湖，在断桥与许仙“邂逅”，两人一见便互相爱上了对方。后来，白素贞与许仙结婚，小青成了他们的女仆。婚后两人非常相爱。白素贞帮助许仙开了一家药店，为附近老百姓治病。他们医术高明，还经常免费为穷人治病。这样，白素贞非常受当地老百姓喜欢。不久，白素贞怀孕了，一家人非常高兴。白素贞也慢慢忘记了自己是一条白蛇。但是，一场灾难正在慢慢降临这个家庭。

雷峰塔

一天，金山寺的法海和尚告诉许仙，白素贞是蛇妖。许仙开始并不相信。后来，法海教许仙在端午节那天让白素贞喝雄黄酒，那样她就会现出原形。许仙听从了法海的话，偷偷让白素贞喝下雄黄酒。结果晚上白素贞真的变成了一条白蛇，许仙自己也被吓死了。白素贞为了救许仙，到天庭盗取仙草，最终将许仙救活。虽然知道了自己的妻子是蛇妖，但许仙还是深爱着白素贞。但是，法海却一直想将白素贞抓起来，他将许仙骗至金山寺并软禁了许仙。白素贞爱丈夫心切，便和小青一起来到金山寺与法海斗法，并且让水淹没了金山寺，因此伤害了许多无辜的生灵。白素贞触犯天条，在生下孩子许仕麟后被法海镇压在西湖的雷峰塔下。这样，白素贞和许仙便永久不能相见。

18 年后，白素贞的儿子许仕麟长大了，并高中状元。他来到雷峰塔前祭拜母亲，在他跪下去的时候，雷峰塔倒了，白素贞获救，全家因此团聚。

白蛇传这一动人的爱情故事不仅在中国广为流传，还被改编成许多戏曲和电视。在日本，1958 年《白蛇传》被拍成动画电影。此外，法国汉学家儒莲（Stanislas Julien）也曾将《白蛇传》翻译成法文，其影响也波及法国。

18. 花木兰

传说，在很久以前的中国，有个女孩名叫花木兰。那时由于经常发生战争，所以朝廷规定每户人家必须派一男子去参军打仗。按规定，花木兰家也要派一名男子上战场，但是，她的父亲年事已高，而弟弟年纪还很小。为了不让年迈的父亲上战场，花木兰决定扮成男子，代替父亲去参军。于是，花木兰买好战马，准备好行李，加入了开赴前线的军队。

在军队，花木兰一待就是 12 年。这期间，她和男性战友一起生

花木兰京剧造型

活、一起战斗，但是他们都没有发现木兰是一个女子。在战场上，花木兰凭借自己的机智和勇敢，立下了许多战功。最后，战争取得了胜利，皇帝因为她卓越的功绩，想请她做官，但是被她拒绝了，她回到故乡陪伴父母。一回到家，花木兰恢复成女孩模样，这时，她以前在军队里的伙伴才发现她是女孩，都感到非常惊讶。

花木兰一直是深受中国人尊敬的一位女性，她勇敢、机智而又纯朴。在唐代，花木兰被人们当作神来祭祀，她也被皇帝封为“孝烈将军”。千百年来，花木兰的故事一直被人们所传诵。宋代郭茂倩编的《乐府诗集》中便有一首《木兰诗》，以叙事诗的形式讲述了花木兰的传奇故事。《木兰诗》长300余字，非常凝练，是中国古代民间文学中一篇优秀的叙事诗。此后，花木兰的故事也被多种文艺作品所表现，如戏剧、电影、电视剧等。尤其是电影，其影响波及美国乃至全世界。

1998年，由美国导演托尼·班克罗夫特（Tony Bancroft）和巴里·库克（Barry Cook）拍摄了迪士尼动画片*Mulan*。这部影片对中国传说中的花木兰进行了一些改编，使其具有神话与现代色彩。比如，影片中多了一只会说话而且具有超能力的木须龙，它一直陪伴在花木兰身边，并帮助花木兰最终取得了胜利。2004年，美国导演达端尔·鲁尼（Darrell Rooney）和琳恩·梭特兰（Lynne Southerland）拍摄了电影*Mulan II*。影片中讲述的花木兰故事，在中国传说中并不存在，那是经过了导演的艺术改编。但是，影片中花木兰敢于冒险和追求自由的精神，与中国传说中的花木兰是相似的。

第四章 史诗叙事

Chapter IV

Epic Narratives

19. 中国史诗

史诗是一种古老的文学样式，是以创世及英雄为主要内容的长编叙事作品。它一般采用说唱形式，主题严肃，题材重大，结构宏伟，格调庄严。史诗记载着早期人类对宇宙万物的理解以及人类祖先社会生活的图景，是集体智慧的结晶。

中国史诗主要流传于少数民族地区，数量相当丰富，有各类史诗数百部之多。中国史诗有较强的地域性，南方少数民族多为创世、迁徙史诗，而北方少数民族则多是英雄征战史诗。对史诗，每个民族都有自己传统的称谓，如蒙古族称“陶兀勒”（tuul 故事），藏族称“仲”（sgrun 故事），柯尔克孜族称“交毛克”（joomok 故事），维吾尔族称“达斯坦”（dastan 叙事诗），哈萨克族称“吉尔”（jer 古歌），侗族称“嘎公古”（gagonggu 古老歌），四川彝族称“穆莫哈玛”（mupmop hxamat 口头传颂的诗歌），壮族称“四么”（saw mo 诵唱的史诗），湘西苗族称“杜奥特”（dut ghot 古老诵词），等等。在众多的史诗中，《格萨尔》《江格尔》《玛纳斯》被誉为“中国三大史诗”。

奥德赛与警笛

中国史诗与西方史诗不尽相同。西方史诗，以希腊史诗为典型，强调史诗一定要有战争，一定要描写英雄传奇与英雄事迹。而中国史诗，既有浓郁神话色彩与充满神奇幻想的狩猎史诗和英雄史诗，还有创世史诗、迁徙史诗等。西方史诗，虽然具有口头史诗程式化的特点，但是，目前西方的经典史诗基本上已经书面化了，成为书面史诗，在民众中少有口传。然而，绝大多数的中国史诗仍然是“活态”的，在藏族、蒙古族、柯尔克孜族等少数民族中仍以口头形式流传，并不断地在发展与变异中。从叙事方式看，西方史诗与中国史诗也有不同。西方史诗常常采用倒叙方式叙事，或者仅仅截取英雄一生中的某一段经历加以叙述。如《伊利亚特》只描写了十年战争的最后 51 天的战争场面，至于希腊人与特洛伊人十年战争的起因，以及在这十年战争中双方英雄与支持双方英雄诸神的表现，均采用倒叙手法加以叙述。另一部著名希腊史诗《奥德赛》仅仅描写了英雄奥德赛在海上漂泊十年决心返回故乡的最后一年中几十天的事情，至于奥德赛为什么要在海上漂泊以及他在海上十年的种种遭遇与见闻，均采用倒叙的手法加以叙事。欧洲中世纪著名的史诗，如《尼伯龙根之歌》《罗兰之歌》《熙德之歌》等几部英雄史诗，也都仅仅是截取英雄一生中参加的一个战役或是一段经历加以叙述。而中国史诗大多采用顺时的连贯叙述方式，不打破自然时序，按着英雄的诞生、少年时代的业绩、娶亲成家、外出征战、凯旋或升天，抑或阵亡这样的顺序来叙述英雄一生的事迹。

综观中国史诗，其主要特征为：一是数量多。除了三大史诗，北方突厥、蒙古，南方壮侗、苗瑶、藏缅等许多民族都拥有英雄史诗或表现先民与自然斗争的原始性史诗，数量难以估计。二是篇幅长。三大史诗尤其突出。从目前搜集整理的情况看，《格萨尔》有120多部，100多万诗行；《江格尔》有70多部，10多万诗行；《玛纳斯》有8部，20多万诗行。三是大都仍是在民间口头流传，有在各种场合吟唱的具有多种功能的诗体形式，还有不少能演唱上万诗行，并能即兴发挥的专业艺人活跃在民间。

总之，中国史诗是中华民族文化宝库中的重要组成部分，为中华文明做出了重要贡献。2014年10月，习近平在文艺工作座谈会上的讲话中特别谈道："从《格萨尔王传》、《玛纳斯》到《江格尔》史诗，从五四时期新文化运动、新中国成立到改革开放的今天，产生了灿若星辰的文艺大师，留下了浩如烟海的文艺精品，不仅为中华民族提供了丰厚滋养，而且为世界文明贡献了华彩篇章。"

20.《格萨尔》

《格萨尔》（又称《格萨尔王传》）是我国藏族人民集体创作的一部伟大的英雄史诗，千百年来在藏族群众中广泛流传，深受藏族人民的喜爱。《格萨尔》主要流传于青藏高原的藏、蒙古、土、裕固、纳西、普米等民族中，不但是藏族文化，同时也是喜马拉雅山多民族文化圈的一个重要组成部分。《格萨尔》以藏族地区一个号称为岭国的国王格萨尔为中心人物，叙述了他一生的英雄事迹。《格萨尔》是反映古代藏族社会历史的一部百科全书，具有很高的学术价值和美学价值，被称作“东方的荷马史诗”。

与世界上著名的五大史诗（《吉尔伽美什》《伊利亚特》《奥德赛》《罗摩衍那》《摩诃婆罗多》）相比，《格萨尔》有两个显著特点：第一，它世代相传，至今在藏族群众中广泛流传，是一部活形态的英雄史诗。第二，它是世界上最长的一部英雄史诗，有 120 多部、100 多万诗行、2000 多万字。仅就篇幅来讲，《格萨尔》比世界五大史诗的总和还要多，

格萨尔雕像

堪称世界史诗之最。

《格萨尔》热情讴歌了格萨尔统领岭国人民与形形色色的恶势力和入侵者进行坚决斗争的英雄事迹。它以艺术的表现手法再现了藏族社会由分裂到统一，由战乱到稳定的历史进程，寄寓了藏族民众反抗侵略、保卫家乡，渴望安定幸福生活的强烈愿望。史诗中，格萨尔作为天神之子投胎人间、历尽苦难，通过赛马成为岭国国君。他身上拥有神性的色彩：他一出生就“变化出弓箭，向空中射去，三只黑鸟中箭落下去”，诞生三天就如三岁孩子一般大。他还能变化成各种动物和飞禽，与妖魔斗法。同时，他又有人性的特点：他与常人一样情感炽热，热爱家乡和同胞。他率领民众征服了敌国，取得了辉煌战绩。不过也有失误的时候，他曾误饮梅萨敬献的迷魂酒，12 年未归，导致国家被霍尔国侵犯，岭国生灵涂炭。正是人民群众将格萨尔塑造成人神兼备的形象，才使这位英雄承载起历史的重任和民众的期望。

不同于世界上一些著名的史诗，《格萨尔》有独特的结构艺术。按照传统的说法，《格萨尔》有《天界篇》《英雄诞生》《赛马称王》等作为序篇；接着是四部降魔史，即《魔岭大战》《霍岭大战》《姜岭大战》和《门岭大战》；此外还有十八大宗、十八中宗、十八小宗等；最后是《地狱救母》《安定三界》。

民间艺人在说唱《格萨尔》时，常常用三句话来概括史诗的全部内容：“上方天界遣使下凡”，是指诸神在天界议事，决定派天神之子格萨尔到世间降妖伏魔，抑强扶弱，拯救黎民百姓出苦海；“中间世上各种纷争”，讲的是格萨尔从诞生到升天的全过程，这一历史，构成了格萨尔的全部英雄业绩，也是史诗的主体；“下面地狱完成业果”，是说格萨尔完成使命，拯救坠入地狱的母亲以及一切受苦受难的众生，然后返回天界。

《格萨尔》这部英雄史诗，通过主人公格萨尔一生不畏强暴、不怕艰难险阻，以惊人的毅力和神奇的力量征战四方的英雄事迹，热情讴歌了正义战胜邪恶、光明战胜黑暗的斗争。这也是《格萨尔》世代相传，历久不衰的重要原因。

在《格萨尔》的流传、演变和发展过程中，才华出众的民间说唱艺人起着巨大作用。他们是史诗最直接的创造者、最忠实的继承者和最热情的传播者。在他们身上体现着人民群众的聪明才智和创造精神。若没有他们的非凡才智和辛勤劳动，《格萨尔》这部伟大的史诗可能会湮没在历史长河中。

《格萨尔》在国际上的影响日益扩大，到目前为止，已有英、俄、法、德、日、意、印度、尼泊尔、芬兰等国的文字翻译了《格萨尔》的部分章节或故事。对《格萨尔》的研究，已经成为一门国际性的学科。《格萨尔》成为世界人民共有的文化财富。2006 年，《格萨（斯）尔》被列入首批国家级非物质文化遗产名录。2009 年，“格萨（斯）尔史诗传统”入选联合国教科文组织人类非物质文化遗产代表作名录。

21.《玛纳斯》

《玛纳斯》是柯尔克孜族的英雄史诗，它热情讴歌了英雄玛纳斯及其七代子孙前仆后继，率领柯尔克孜人民与外来侵略者、各种邪恶势力进行斗争的事迹，体现了柯尔克孜民族勇敢善战、百折不挠的民族精神与民族性格。

《玛纳斯》产生于公元 9—10 世纪，千百年来一直以口耳相传的形式传承。《玛纳斯》共有 8 部 18 卷、23.4 万多行。现存版本是根据民间歌手从 1984 年到 1995 年演唱录制基础上整理而成。《玛纳斯》忠实记录并提供了柯尔克孜族人民繁衍、生存、生产、发展等各方面的宝贵资料，涉及文学、政治、历史、药学等多个学科领域。

《玛纳斯》主要流传于我国新疆南部的克孜勒苏柯尔克孜自治州

玛纳斯勇士群雕像

以及新疆北部特克斯草原、塔城等柯尔克孜人聚集的地域。此外，中亚的吉尔吉斯斯坦、哈萨克斯坦及阿富汗等地也有流传，《玛纳斯》是一部具有世界影响的史诗。

史诗《玛纳斯》有广义与狭义之别。广义的《玛纳斯》是包括8部史诗（《玛纳斯》《赛麦台依》《赛依台克》《凯耐尼木》《赛依特》《阿斯勒巴恰与别克巴恰》《索木碧莱克》《奇格台依》）在内的总称；而狭义的《玛纳斯》则是指史诗的第一部《玛纳斯》。史诗第一部《玛纳斯》的内容最为古朴，结构十分完整，艺术上亦最为纯熟。在8部史诗中，它气势最为磅礴，篇幅也最长，占到整部史诗的1/4。下面，介绍狭义《玛纳斯》，即史诗的第一部《玛纳斯》。

《玛纳斯》描写了英雄玛纳斯一生非凡的经历与辉煌的业绩。玛纳斯的一生由“神奇的诞生”“少年时代的显赫战功”“英雄的婚姻”“部落联盟的首领”“伟大的远征”“壮烈的牺牲”几部分构成。

在《玛纳斯》的人物体系中，英雄玛纳斯的形象塑造得相当成功。

玛纳斯是一位勇猛剽悍、能征善战、性格放荡不羁的勇士。同时,《玛纳斯》还塑造了一个英雄群体。玛纳斯身边有 14 位汗王,40 名勇士。他们之中,有智慧长者巴卡依汗,有勇猛善战的楚瓦克,有智勇双全的阿勒曼别特等。他们个性鲜明,各有不同的本领,在征战中,他们与玛纳斯并肩作战,同舟共济,共同构成了《玛纳斯》的恢宏气势。

《玛纳斯》采用独特的谱系式叙事结构,每部史诗描写一位玛纳斯家族的英雄,上部史诗的主人公与下部史诗的主人公均为父子关系。这样典型的谱系式叙事结构,在世界史诗中十分罕见。《玛纳斯》的 8 部史诗,每部的情节与结构都比较完整,因此,每部都是一部完整的史诗,可以单独演唱。然而,8 部史诗在人物、情节、艺术风格诸方面又有着深刻的内在联系,构成一部统一的、完整的史诗作品。

《玛纳斯》从古老的柯尔克孜史诗与丰厚的柯尔克孜民间文学中吸取营养,它包含着柯尔克孜古老的神话、各类传说、习俗歌谣以及大量的民间叙事诗与民间谚语等。史诗《玛纳斯》是展现柯尔克孜人民生活的巨幅画卷,是认识柯尔克孜民族的百科全书。《玛纳斯》的流传和影响十分广泛,史诗的部分内容已被翻译成俄、德、法、土耳其等多国文字。2006 年,《玛纳斯》被列入第一批国家级非物质文化遗产名录。2009 年,经联合国教科文组织批准,《玛纳斯》被列入人类非物质文化遗产代表作名录。

22.《江格尔》

蒙古族人民的史诗传统源远流长,世代口耳相传,流传在民间,迄今保持着其特有的艺术魅力。在中国境内搜集到的蒙古族英雄史诗已有上百部,其中最优秀的作品,当数英雄史诗《江格尔》。

《江格尔》的产生和发展过程漫长,多数学者认为《江格尔》大约创作于 13 世纪我国古代蒙古族卫拉特部,17 世纪后随着卫拉特蒙

江格尔雕像

古各部的迁徙，也流传于俄国、蒙古国的蒙古族中，成为跨国界的一部大史诗。

从 1802 年至 1803 年间，德国旅行家贝尔格曼在伏尔加河流域的卡尔梅克人中发现并记录《江格尔》两部长诗算起，《江格尔》研究已经有 200 多年的历史。

江格尔是宝木巴汗国的缔造者、组织者和领导者。他手下有智谋型将领阿拉坦策吉、古恩拜、赫吉拉干等；有勇猛型将领洪古尔、萨布尔、萨纳拉等。《江格尔》歌颂了以圣主江格尔为首的 6000 余位勇士，他们为保卫以阿尔泰圣山为中心的美丽富饶的宝木巴，同来犯的凶残敌人进行英勇而不屈不挠的斗争，充分展现了蒙古民族爱国爱家乡、崇尚自由、崇尚英雄的精神。

与世界其他著名的史诗相比，《江格尔》结构独特，由情节独立的数十部长诗复合而成。除少数几章外，《江格尔》的各部长诗在情节上互不连贯，各自像一部独立的长诗，平行地共存在整个英雄史诗当中。然而，它的各个章节都有一批共同的英雄人物形象，以此作为有机联系，构成它的结构体系。因此，《江格尔》是一部以英雄人物为中心形成的作品。它以江格尔汗为主，洪古尔、阿拉坦策吉、古恩拜、萨布尔、萨纳拉、明彦等一批英雄人物及英雄事迹始终贯穿于各部长诗，最终使数十部长诗统一成为一部长篇巨型史诗。除总体结构之外，《江格尔》的各部长诗也有自己的情节结构。它们主要由序诗和基本情节组成。《江格尔》每一部诗章都会以优美的序诗开始，交代江格尔苦难的童年，历数他在逆境中创造的丰功伟绩，赞颂圣主江格尔和天堂般美丽富饶的宝木巴。序诗之后才开始叙述江格尔及其勇士们的英雄业绩。

《江格尔》从词的运用、诗的构成到情节的安排、形象的塑造各方面都是高度程式化的，这种程式化为艺人的记忆和即兴创造提供了便利。由于《江格尔》在人民的心目中具有神圣地位，因而在民间形成了一套演唱规则。其中最重要的一条就是艺人不能随意改变史诗的主干情节。另外，如要演唱一部长诗，就得完整地演唱，不能随意终止，听众也要坚持听到演唱结束，不能随意离开。违反了这些规则，会被认为是罪过，会遭受灾难。由此可见，《江格尔》的演唱既即兴又很传统，它保留了更多完整的古代生活信息和演唱风格。

《江格尔》主要以口传方式流传，也有抄本和刻印本，迄今国内外已经搜集到共有 70 多部，长达 10 多万诗行。2006 年，《江格尔》被列入第一批国家级非物质文化遗产名录。

第五章 四大名著

Chapter V

Four Great Classical Novels

23.《红楼梦》

《红楼梦》，又名《石头记》，成书于清代，是中国古典小说四大名著之一。全书 120 回，前 80 回是曹雪芹所作，后 40 回据说由高鹗续写。内容以贾、王、史、薛四大家族为背景，以贾宝玉、林黛玉的爱情悲剧为主线，描写了贾家荣国府和宁国府由盛到衰的全过程，展示了广阔的社会生活，囊括了多姿多彩的世俗人情。作品语言优美生动，善于刻画人物，塑造了贾宝玉、林黛玉、王熙凤、薛宝钗等个性鲜明的人物。该书规模宏大，结构严谨，具有很高的艺术成就，代表了中国古代长篇小说的最高成就，也是世界文学经典巨著之一。

作者曹雪芹，小说家，生于 1715 年，卒于 1763 年。曹雪芹的曾祖父曹玺，祖父曹寅，父辈的曹颙和曹頫相继任职江宁织造达 60 余年之久，非常受康熙皇帝宠信。曹雪芹在富贵荣华中长大。雍正初年，曹家遭受多次打击，家产抄没，举家迁回北京，家道从此日渐衰微。这一转折，使曹雪芹深感世态炎凉。他能诗会画，擅长写作，以坚韧不拔的毅力专心致志地从事小说《红楼梦》的写作和修订，历经十载，

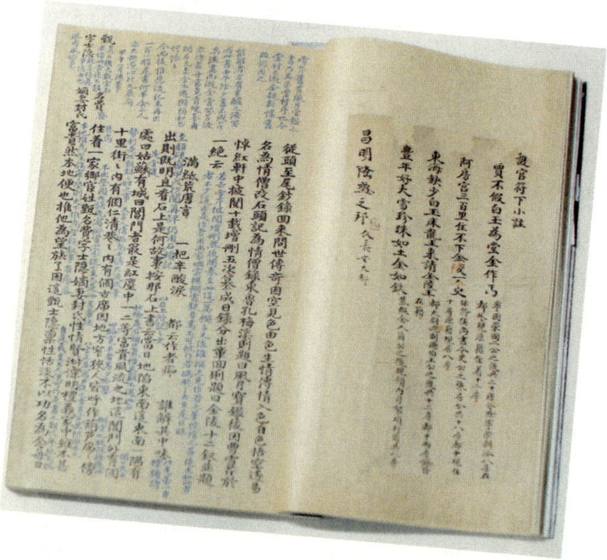

《红楼梦》抄本

增删五次，写出了这部中国古典小说中伟大的现实主义作品。

《红楼梦》突破了传统的取材和构思方式，将社会高度浓缩于家庭范围内，贾府实际上是整个社会的缩影。《红楼梦》描写了以贾家为代表的四大家族的兴衰，揭示了封建大家庭的各种错综复杂的矛盾，表现了封建的婚姻、道德、文化、教育的腐朽、堕落，塑造了一系列贵族、平民以及奴隶出身的女子的悲剧形象，展示了极其广阔的封建社会的典型生活，曲折地反映了那个社会必然崩溃、没落的历史趋势。

《红楼梦》还歌颂了贵族的叛逆者和违背封建礼教的爱情，体现出追求个性自由的初步的民主主义思想，并深刻而全面地揭示了贾宝玉、林黛玉、薛宝钗之间爱情婚姻悲剧的社会根源。但由于历史的局限，作者在写出封建大家族没落的同时，也流露出惋惜和感伤的情绪，带有一层因果报应和虚无主义的色彩。

在人物塑造方面，《红楼梦》达到了炉火纯青的地步，所描写的人物皆栩栩如生，个性鲜明，具有多重性格，打破了以往小说人物描写类型化的局限。在广阔的社会背景上，以精雕细刻的功夫，塑造不同的人物形象；注意人物的个性化，心理描写具体而简洁；把人物放在特定的艺术气氛里，烘托人物的内心情绪。全书塑造了贾宝玉、林黛玉、薛宝钗等生动的人物形象。

贾宝玉是小说的中心人物，他聪明灵秀，是贾氏家族寄予重望的继承人。但他的思想性格却促使他背叛了家庭。其性格的核心是平等待人、尊重个性、追寻自由，是一位贵族家庭乃至封建制度的叛逆典型。

林黛玉是一位冰清玉洁、孤高自许、多愁善感的贵族小姐，她视爱情如同生命，但她的爱情却因不容于贵族家庭而被摧毁。

薛宝钗是一位遵奉妇道、恪守妇规的封建淑女，她同样是封建制度的牺牲品。

该书问世后，震撼着一代代读者的心灵，产生了跨越时空的巨大影响，在学术研究领域形成了声势浩大的"红学"。据不完全统计，《红楼梦》迄今已有20多个语种、160多个译本，在世界各国发行，它是世界文学宝库中的珍品。《红楼梦》这部伟大作品是属于中国的，同时也是属于世界的，它是世界人民共同的精神财富。

24.《水浒传》

《水浒传》是中国历史上最早使用白话文写成的章回体长篇小说，被普遍认为是元末明初施耐庵所撰。施耐庵自幼聪明好学，才气过人，为人仗义。他曾在钱塘（今浙江省杭州市）为官三年，因不满官场黑暗，弃官回乡。张士诚起义抗元时，他在张士诚幕下参与谋划。施耐庵精于诗曲，但流传极少。

《水浒传》取材于北宋末年宋江起义的真实故事。宋代说书兴盛，民间流传的宋江、杨志等36人故事，很快就被说书人用来作为创作话本的素材。元朝初年，出现了话本《大宋宣和遗事》，讲述了晁盖、

施耐庵雕像

吴用等36人的故事，初步具有了《水浒传》的故事梗概。元杂剧中还出现了一些水浒故事剧本。施耐庵把这些在不同地区流传的故事，汇集起来，经过选择、加工、再创作，写成了这部优秀的古典名著《水浒传》。

《水浒传》以杰出的艺术描写手段，生动形象地描述了中国封建社会中以宋江为首的农民起义萌芽、发展和失败的过程，深刻揭露了封建社会的黑暗和腐朽、统治阶级的罪恶，指出造成农民起义的根本原因是"官逼民反"。

施耐庵以高超的艺术表现力，生动丰富的文学语言，叙述了许多引人入胜的故事，塑造了众多个性鲜明的英雄形象。作者对于这些英雄人物，予以充分的肯定和热情的讴歌，歌颂他们的反抗精神、正义行动，也歌颂了他们超群的武艺和高尚的品格。

《水浒传》人物语言的性格化，达到了很高的水平，通过人物的

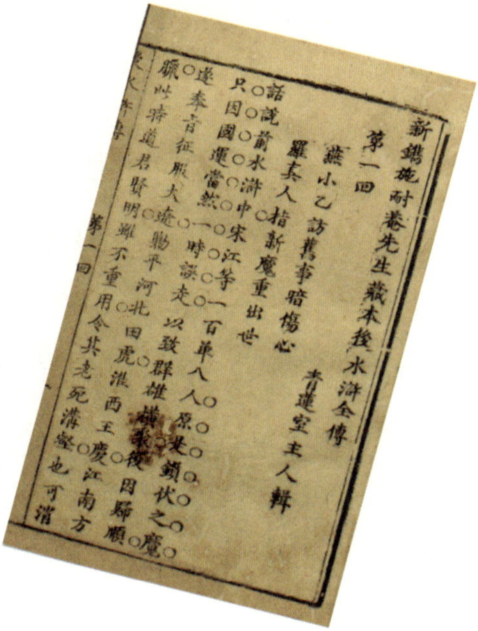
新鐫施耐菴先生藏本後水滸全傳
第一回　青蓮室主人輯
燕小乙訪舊事暗傷心
羅真人指新魔重出世
話說○前水滸○中○宋江等一百單八人○原是○鎖伏之魔○
只因○國運當然○一時○誘走○以致○群雄橫[illegible]後因歸順○
遂奉旨征服大遼○勦平河北○田虎○淮西王慶○江南方
願此時道君賢明○雖不重用○令其老死溝壑○也可消
後水滸傳　第一回

《水浒传》清刻本

语言不仅表现了人物的性格特点，而且对其出身、地位以及所受文化教养而形成的思想习惯也能准确地表现出来，如阮小七的心直性急、吴用的足智多谋、宋江的谦虚下士等。书中的精彩描写无不令人如闻其声、如见其人。

《水浒传》不单以情节的生动紧张取胜，还有较丰富真实的细节描写，并在民间口语的基础上创造出一种通俗、简练、生动、富于表现力的文学语言。

《水浒传》成书后，流传广泛。20 世纪 20 年代初以来，《水浒传》常被翻译成英文。英文版通常将《水浒传》翻译成 *Water Margin* 或 *Outlaws of the Marsh*。众多译本中，最早的英语全译本当属美国学者赛珍珠（Pearl S.Buck）翻译的 70 回译本 *All Men Are Brothers*（《四海之内皆兄弟》）。书名出自《论语》“四海之内，皆兄弟也”。该书 1933 年出版，当时在美国颇为畅销。

迄今为止,《水浒传》被认为比较好的英文版本，应该是中国籍的美国犹太裔学者沙博理先生（Sidney Shapiro）在“文化大革命”期间受命翻译的100回版的*Outlaws of the Marsh*（《水泊好汉》）。该译本被认为更忠实于原著，且很贴切地反映了原文的神韵。

日文版的《水浒传》的版本非常之多，甚至被改编和演绎成了许多漫画、电影、电视作品。阿根廷著名作家博尔赫斯（Jorge Luis Borges）曾专门撰文点评《水浒传》，他认为《水浒传》的情节有“史诗般的广阔”，与西班牙17世纪的“流浪汉小说”有异曲同工之妙。

25.《三国演义》

《三国演义》是中国古代第一部长篇章回体小说，是历史演义小说的开山之作。作者罗贯中(约1330—约1400),元末明初著名小说家、戏曲家，被称为是中国章回小说的鼻祖。

三国故事在中国古代民间颇为流行。宋元时期被搬上舞台，金元时期演出的三国剧目达30多种。元末明初罗贯中综合民间传说和戏曲、话本，结合陈寿《三国志》和裴松之注《三国志》的史料，根据他个人对社会人生的体悟，创作了《三国志通俗演义》。清康熙年间，毛纶、毛宗岗父子辨正史事、增删文字，修改成今日通行的120回本《三国演义》。

《三国演义》描写了公元2世纪末至公元3世纪中后期以曹操、刘备、孙权为首的魏、蜀、吴三个政治、军事集团之间的矛盾和斗争。在广阔的社会历史背景上，展现了那个时代尖锐复杂又极具特色的政治军事冲突，概括了这一时代的历史巨变，塑造了一批叱咤风云的英雄人物，对后世产生了深远的影响。在对三国历史的把握上，作者表现出明显的拥刘反曹倾向，以刘备集团作为描写的中心，对刘备集团的主要人物加以歌颂，对曹操则极力揭露鞭挞。

诸葛亮雕像

桃园结义

在《三国演义》中，诸葛亮是作者心目中的“贤相”，他具有“鞠躬尽瘁，死而后已”的高风亮节，具有经世济民、再造太平盛世的雄心壮志，而且作者还赋予他呼风唤雨、神机妙算的奇异本领。曹操是一位奸雄，他生活的信条是“宁教我负天下人，不教天下人负我”，他既有雄才大略又残暴奸诈，是一个政治野心家、阴谋家，这与历史上的曹操有所不同。关羽“威猛刚毅”“义重如山”，但他的义气是以个人恩怨为前提的，并非国家民族之大义。刘备被作者塑造成为礼贤下士、知人善任的仁君典型。

《三国演义》的艺术成就主要是在战争描写和人物塑造上。小说最擅长描写战争，并能写出每次战争的特点。其中官渡之战、赤壁之战等战争的描写波澜起伏、跌宕跳跃，在写战争的同时，兼写其他活动，作为战争的前奏、余波，或者战争的辅助手段，使紧张激烈、惊心动魄的战争表现得有张有弛、疾缓相间。如著名的关羽“温酒斩华雄”“过五关斩六将”，张飞“威震长坂桥”，赵云“单骑救幼主”，诸葛亮“七擒孟获”等便是流传极广的篇章。

此外，它成功地塑造了众多的人物形象。全书写了1200多个人物，其中主要人物都是性格鲜明、形象生动的艺术典型。作者描写人物，善于抓住基本特征，突出某个方面，加以夸张，并用对比、衬托的方法，使人物个性鲜明生动。小说特别注意把人物放在现实斗争的尖锐矛盾中，通过各自的言行或周围环境，表现其思想性格。如曹操的奸诈，一举一动都似隐伏着阴谋诡计；张飞心直口快，无不带有天真、莽撞的色彩；诸葛亮神机妙算，临事总可以得心应手，从容不迫。

在结构上，它以三国的矛盾斗争为主线，组织全书的故事情节，既曲折多变，又前后连贯，井井有条，脉络分明，各回能独立成篇，全书又是一个完整的艺术整体。

《三国演义》是古代历史小说中成就最高、影响最大的一部作品，它广泛流传，魅力无穷，在中国文学史上和人民生活中都有极深影响。至今，人们还不断在人才学、军事学、领导科学、商战技术等各方面得到启示。《三国演义》也深受外国读者欢迎。早在1569年《三国演义》就已经传入朝鲜。1635年，《三国演义》被英国牛津大学收藏。此后，日本、英国、法国、俄罗斯等都使用本国文字翻译过《三国演义》。

26.《西游记》

《西游记》是中国古代第一部浪漫主义章回体长篇神魔小说，它以民间传说中唐僧取经的故事和有关话本及杂剧为基础创作而成。小说前七回叙述孙悟空出世，然后写孙悟空随唐僧西天取经，沿途除妖降魔、战胜困难的故事。全书规模宏大，结构完整，书中唐僧、孙悟空、猪八戒、沙僧等形象刻画生动。

吴承恩雕像

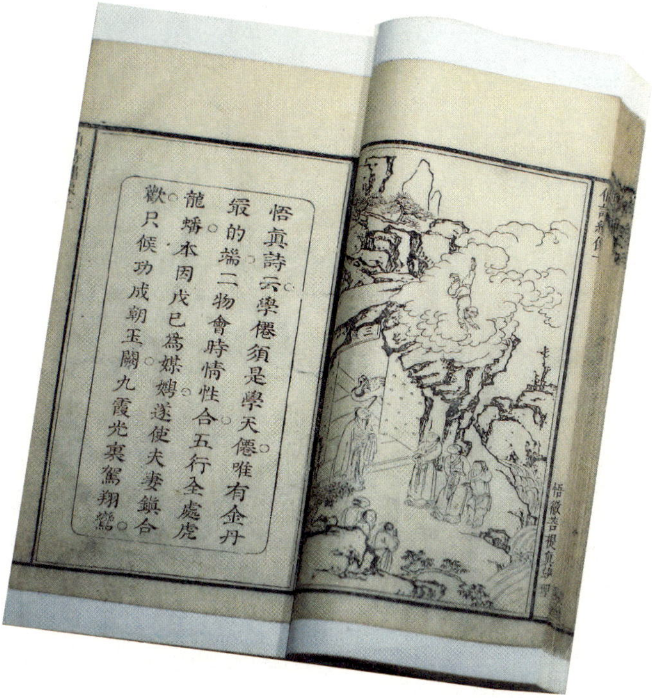

《西游记》刻印本

作者吴承恩（约 1500—约 1582），明代小说家。他出身于一个小商人的家庭，虽身为商人，却喜读书。吴承恩自幼敏慧好学，聪明过人，博览群书，喜欢读野史，熟悉古代神话和民间传说，年轻时即以文名著于乡里。

唐僧取经是历史上一个真实的历史事件。唐贞观三年（629），年仅 25 岁的青年和尚玄奘带领一个弟子离开京城长安，前往天竺（今印度）游学。646年，玄奘回到长安，带回佛经657部。为防止经文被盗，玄奘在唐王的帮助下修筑大雁塔，保存经文。玄奘西天取经，前后历时17年，行程几万里，是一次传奇式的“万里长征”，轰动一时。后来，唐僧取经的故事开始在民间广为流传。吴承恩正是在民间传说和话本、戏曲的基础上，经过艰苦的再创造，完成了这部令中华民族为之骄傲的伟大文学巨著。

《西游记》向人们展示了一个绚丽多彩的神魔世界，人们无不为作者丰富而大胆的艺术想象惊叹不已。

然而，任何一部文学作品都是一定社会生活的反映，通过《西游记》中虚幻的神魔世界，我们处处可以看到现实社会的投影。如在孙悟空的形象创造上，就寄托了作者的理想。孙悟空那种不屈不挠的斗争精神，横扫一切妖魔鬼怪的大无畏气概，代表了一种正义的力量，表现出战胜一切困难的必胜信念。又如取经路上遇到的那些妖魔，或是自然灾难的幻化，或是邪恶势力的象征。不仅如此，玉皇大帝统治的天宫、如来佛祖管辖的西方极乐世界，也都带有人间社会的色彩。

《西游记》不仅有较深刻的思想内容，艺术上也取得了很高的成就。它以丰富奇特的艺术想象、生动曲折的故事情节、栩栩如生的人物形象、幽默诙谐的语言，构筑了一座独具特色的《西游记》艺术宫殿。

《西游记》在艺术上的最大成就，是成功地创造了孙悟空、猪八戒这两个不朽的艺术形象。孙悟空是《西游记》中第一主人公，是个非常了不起的英雄。他有无穷的本领，天不怕地不怕，具有不屈的反抗精神。他有着人性、神性和猴性三重特点。他的七十二变，一个跟头十万八千里，已是家喻户晓。猪八戒这个形象同样刻画得非常生动。猪八戒是一个喜剧形象，他憨厚老实，有力气，也敢与妖魔做斗争，是孙悟空的得力助手。但他又满身毛病，如好吃、好占小便宜、好女色、怕困难、常常要打退堂鼓、有时爱撒谎。他的毛病很多，但他一路上充当开路先锋，不辞辛苦，因此人们并不厌恶猪八戒，相反却感到其十分真实可爱。孙悟空、猪八戒这两个形象，以其鲜明的个性特征，在中国文学史上立起了一座不朽的艺术丰碑。

《西游记》成书于16世纪明朝中叶，《美国大百科全书》认为它是“一部具有丰富内容和光辉思想的神话小说”。《法国大百科全书》说：“全书故事的描写充满幽默和风趣，给读者以浓厚的兴味。”《西游记》最早的正式译本是18世纪中叶的日文译本。从19世纪开始，它被翻译为日、英、法、德、俄等十多种文字流行于世，译名也有多种，如《圣僧的天国之行》《一个佛教徒的天国历程》《猴》《猴王》《猴与诸神魔历险记》。孙悟空、唐僧、猪八戒、沙僧等人物和“大闹天宫”“三打白骨精”“火焰山”等故事也因此广泛流传，为人熟知。

第六章 近代文学

Chapter VI

Modern Literature

27. 新文化运动与五四文学革命

新文化运动是由陈独秀、胡适、鲁迅、钱玄同、李大钊等一批受过西方教育的知识分子发起的一次思想文化革新运动，其主要内容是提倡民主，反对专制独裁；提倡科学，反对愚昧迷信；提倡新道德，反对旧道德；提倡新文学，反对旧文学。

新文化运动是特定历史时期政治、经济、思想文化诸因素综合作用的产物。政治方面，辛亥革命失败后，帝国主义列强支持袁世凯称帝，加紧侵略中国，军阀统治下的社会日趋黑暗，中国先进知识分子为变革现实积极地寻找出路；经济方面，中国资本主义在一战期间进一步发展，他们强烈要求实行民主政治，发展资本主义；思想文化方面，随着新式学堂建立和留学风气日盛，西方启蒙思想进一步被介绍到中国。辛亥革命使民主共和的思想深入人心，袁世凯尊孔复古的逆流为民主知识分子所不容，这是新文化运动发生的最直接原因。

新文化运动以 1915 年 9 月陈独秀在上海创办《青年杂志》(1916 年 9 月起改名为《新青年》，1917 年初迁到北京) 为起点。陈独秀在《青

《新青年》封面

年杂志》发刊辞《敬告青年》中提出“民主”和“科学”的口号，又在 1919 年 1 月声言《新青年》“拥护德谟克拉西（democracy，民主）和赛恩斯（science，科学）两位先生”。他与李大钊、鲁迅等著文批判封建专制主义与“三纲五常”等传统伦理道德观念，大力介绍西方的自由平等学说、个性解放思想、社会进化论，为人们提供了思想武器。

五四文学革命是新文化运动的一个组成部分，其核心内容是反对文言、提倡白话，反对旧文学、提倡新文学。1917 年 1 月，胡适在《新青年》上发表《文学改良刍议》，首先提出文学改良的主张，提倡以白话文代替文言文，以白话文学代替仿古文学，并提出了新文学的“八大主张”。2 月，陈独秀发表《文学革命论》，提出“三大主义”，刘半农、钱玄同等人也纷纷著文响应，呼唤一种形式上更平易通俗、内容上更贴近现实的文学。

对于如何建设新文学，新文学阵营内部也展开了积极的探讨。胡适发表了《建设的文学革命论》，提出“国语的文学，文学的国语”。

周作人发表《人的文学》，认为新文学应是“用人道主义为本，对于人生诸问题，加以记录研究的文学”，在《平民文学》一文中又提出了“为人生的文学”的口号，倡导“以真为主，美即在其中”的创作原则。李大钊发表《什么是新文学》，提出“我们所要求的新文学，是为社会写实的文学，不是为个人造名的文学”。

1918 年 1 月，《新青年》全部改用白话文。5 月，鲁迅在上面发表了中国第一篇白话文小说《狂人日记》，接着《新青年》《新潮》《时事新报》等刊物陆续推出了一批小说、诗歌，显示了文学革命卓越的实绩。1919 年五四运动爆发后，白话文运动得到突飞猛进的发展。全国白话文报刊风起云涌，达到 400 多种。1920 年，北洋政府教育部终于承认白话为“国语”，通令国民学校采用。白话文运动取得了胜利。

新文化运动是一次前所未有的思想解放和启蒙运动。它动摇了封建思想的统治地位，使民主和科学的思想得到了弘扬，为五四运动的爆发做了思想准备，为马克思主义在中国的传播开辟了道路。但它不可避免地存在着一定的局限性。运动的倡导者没有把新文化运动同广大群众结合起来，使新文化运动仅仅局限在知识分子的圈子里。他们回避当时对军阀政府的实际斗争，没有正面提出反帝的任务。他们对中国古典文学的一味批判以及对西学的全盘肯定也具有片面性。

28. 小说

五四文学革命的发生，开启了中国文学现代化的历程。但其发生期需追溯至晚清，许多观念性的变革都发生在 1898 年前后，首功归诸梁启超。他提出“诗界革命”“文界革命”“小说界革命”，尤以“小说界革命”影响最大。他将小说启蒙、新民的社会功能提到无以复加的高度。真正表现出现代意义上的文学观的是王国维，而相对完整的现代文学观念，则是由鲁迅、周作人兄弟提出的。清末小说既有主题先行的政治

鲁迅

小说、反映各类社会问题的严肃小说，也有如李伯元的《官场现形记》、吴趼人的《二十年目睹之怪现状》之类的谴责小说。民初的小说则以鸳鸯蝴蝶派的言情小说为代表。翻译小说中，林纾的影响最大。

从五四文学革命开始的近代文学，大致以十年为期表现出明显的三个阶段：一是 1917—1927 年，以五四为代表的 20 世纪 20 年代文学；二是 1928—1937 年，左翼革命文学、人文主义文学并存的 30 年代文学；三是 1937—1949 年，由抗战文学开启的多地域、多元化、大众化的 40 年代文学。

20 年代的小说，主要有两大流派：一是“为人生”的现实主义小说，以鲁迅及其影响下的“文学研究会”为代表；二是“为艺术”的浪漫抒情小说，以郁达夫及其所在的“创造社”为代表。鲁迅是中国现代小说的奠基人。他的《狂人日记》是中国新文学史上第一篇白话小说，以“表现的深切和格式的特别”标志着五四新文学的开端。他的《阿Q 正传》是中国现代小说史上一个杰出的创造，也是最早被介绍到世界上去的中国现代小说。它刻画出国人的灵魂，暴露国民的弱点，以达到“揭出病苦，引起疗救的注意”的目的。鲁迅的小说集《呐喊》《彷徨》是中国现代小说的艺术高峰。历史小说集《故事新编》只取一点历史事实，然后进行随意发挥，古今交融，借古讽今。郁达夫的小说集《沉沦》开创了小说的新体式，如轻视情节的营构、注重感伤的抒情，标志着“自我小说”的兴起。

30年代，无产阶级革命文学兴起。1930年3月2日，中国左翼作家联盟（简称“左联”）在上海召开成立大会，确立了奋斗目标：“站在无产阶级解放斗争的战线上”，建立“反封建阶级的、反资产阶级”的文学，要“援助并且从事无产阶级艺术的产生”。此外，30年代文坛还有一些人的文学主张与左翼文艺思想有所不同，比如梁实秋、朱光潜、沈从文等。他们更多承传的是五四文学的人文主义思想。

中长篇小说的激增是这个时期的突出现象，如茅盾的《子夜》、《蚀》三部曲、《农村三部曲》，巴金的《激流三部曲》《爱情三部曲》，李劼人的“大波”系列等。此外，还出现了一些重要现象：老舍擅长描写都市生活中的底层人物，如《骆驼祥子》《月牙儿》等；左翼作家形成了“革命+恋爱”的小说模式；“东北作家群”的创作反映了处于日寇铁蹄下的东北人民的悲惨遭遇，如萧红的《呼兰河传》《生死场》、萧军的《八月的乡村》等；一些作家的创作富有强烈的地域文化色彩，如沈从文笔下的湘西山水、艾芜笔下的南疆风情、吴组缃笔下的皖南乡村和李劼人笔下的四川民风；以北京为中心形成的“京派小说”与以上海为中心形成的“新感觉派小说”风格各异。总之，30年代的小说作家将触角伸入社会的各个角落，时代的投影非常鲜明，鲁迅大力倡导的现实主义传统得到发扬光大。

40年代的文坛，由于战争，形成了国统区文学、解放区文学和沦陷区文学并存的格局。国统区文学、沦陷区文学以及“孤岛文学”，

茅盾

从内容上看，主要有：直接反映抗战的小说，如丘东平的《第七连》、姚雪垠的《差半车麦秸》；进行社会剖析和世情讽刺的小说，如张天翼的《华威先生》、沙汀的《在其香居茶馆里》；注重对民族历史与现实进行文化反思的小说，如巴金的《憩园》《寒夜》、老舍的《四世同堂》；探索人生意义的小说，如钱锺书的《围城》、路翎的《财主的儿女们》、张爱玲的《金锁记》；现代通俗小说，集大成者是张恨水，代表作有《金粉世家》《啼笑因缘》等。

1942 年 5 月延安文艺座谈会的召开以及毛泽东《在延安文艺座谈会上的讲话》的公开发表，是解放区文学运动的标志。它有一些鲜明的特征，比如服务于时代政治任务，艺术追求上的“大众化”“工农兵化”。其中，以小说的创作成就最大。赵树理是解放区文学的一面旗帜。他的成名作《小二黑结婚》表现了新生活新主题，确立了一种“评书体”的小说样式，此外还有反映农村问题的《李有才板话》《李家庄的变迁》等。20 世纪 50 年代中期以后，形成了一个以赵树理为中心的文学流派，即“山药蛋派”。孙犁侧重书写解放区人民在艰苦环境中所呈现出来的纯洁的人情美、人性美，风格清新明丽，具有浓郁的浪漫主义色彩，如《荷花淀》，并因此而形成了“荷花淀派”。此外，解放区还出现了反映土地改革运动的小说，最具代表性的是丁玲的《太阳照在桑干河上》和周立波的《暴风骤雨》。

29. 诗歌

1899 年，梁启超率先提出“诗界革命”的口号，但他“旧瓶装新酒”式的革命并不彻底。真正成为诗界革命旗帜的是黄遵宪。他提出“我手写我口，古岂能拘牵”的主张。诗歌领域的革命性突破是由五四文学革命完成的。胡适、刘半农、沈尹默、俞平伯、康白情、刘大白、周作人、朱自清等提倡并实践的自由体白话诗成为 20 世纪中国诗歌的主流样式。

郭沫若的《女神》是中国现代文学史上第一部具有杰出成就和巨大影响的新诗集。它的成功在于五四时代精神与诗人创作个性的高度融合统一。《女神》强烈而集中地体现了诗人张扬自我、要求个性解放、呼唤新世界诞生的理想，显示出彻底破坏和大胆创新的精神。在形式上，它实践了诗人“绝对的自由、绝对的自主”的艺术主张。想象奇特，语言华美，音调

郭沫若

激越，形式自由多变，具有浓郁的浪漫主义美学特征。代表作《凤凰涅槃》是一首庄严的时代颂歌，通过凤凰集香木而自焚复从死灰中更生的传说来表达彻底埋葬旧社会、向往光明新世界的思想。

20 世纪 20 年代中后期，新月诗派与象征诗派影响较大。新月诗派主张理性和节制，强调诗人戴着镣铐跳舞。代表诗人有徐志摩、闻一多。徐志摩的诗歌追求光明与自由的理想，追求爱与美，意象新颖，韵律和谐，风格清新，比如脍炙人口的《再别康桥》。闻一多是新月诗派的理论奠基者，提出诗歌创作要有“三美”，即“音乐美、绘画美、建筑美”，所以新月诗派又被称为格律诗派。闻一多的诗集《红烛》和《死水》贯穿着浓烈真挚的爱国主义情思。象征诗派的代表诗人是李金发。他在形式上追求新奇怪异，注重意象的奇特组合。

徐志摩

30 年代的诗歌诞生于阶级矛盾和民族矛盾激烈的环境之下。1932 年 9 月，由蒲风、穆木天、杨骚、任钧等左翼诗人在上海发起成立中国诗歌会，倡导“捉住现实”，使“诗歌成为大众歌调”，史称“新诗歌派”。此外，活跃于诗坛的还有后期的新月派和现代派。后期新月派的风格发生了变化。他们或者走出小我，走向时代，或者受现代主义思潮影响，开掘隐忧的精神世界，代表诗人有孙大雨、叶公超、卞之琳、陈梦家等。现代派始于1932年5月施蛰存创办的文艺刊物《现代》，主将是戴望舒。他们受法国象征派诗歌、美国意象派诗歌以及以艾略特为代表的现代主义诗潮的影响，多聚焦于人的内心世界，抒写自我的情绪与感觉，在审美上追求隐藏自己和表现自己巧妙结合的朦胧美。戴望舒的诗歌反映了中国现代主义诗歌从幼稚到成熟的成长道路。他的成名作《雨巷》以忧伤的笔调抒写失望与彷徨的情绪。抗日战争爆发后，其诗歌的内容和风格都发生了巨大变化，名篇《我用残损的手掌》表达了面对山河破碎的沉痛和对光明的礼赞。

全面抗战爆发后，诗人们迅速投入为民族解放而歌的洪流。"朗诵诗运动""街头诗运动"推动诗歌向通俗化方向发展，自由诗体再次崛起。田间创作了一系列鼓点式的战斗诗歌。抗日战争进入相持阶段后，诗人们有的留在国统区，有的奔向解放区，诗歌创作各具风格。抗战胜利前夕到新中国成立这一阶段，出现了很多书写国民党种种丑态和劣迹的政治讽刺诗，如袁水拍的《马凡陀山歌》。

40年代，国统区先后出现了两个重要的诗歌流派：七月诗派和九叶诗派。前者因胡风主编的杂志《七月》而得名，主要诗人有鲁藜、绿原、阿垅、曾卓等。他们在创作上坚持现实主义原则，主张发扬"主观战斗精神"，要求诗人在生活中、斗争中去发现诗意，作品呈现出斑斓浓烈的美感特征。九叶诗派的代表诗人有辛笛、陈敬容、郑敏、穆旦、袁可嘉等，艾青将其特征概括为："接受了新诗的现实主义传统，采取欧美现代派的表现技巧，刻画了经过战争大动乱之后的社会现象。"九叶诗派对于推动中国新诗的现代化具有重要意义。

40年代诗坛影响最大的一位诗人是艾青。他在西方象征派、印象派的熏陶下走上诗坛，凭借《大堰河——我的保姆》一举成名。抗日战争时期，其诗歌创作进入高潮。他将个人的悲欢融入时代的悲欢里，反映民族苦难与人民心声。"土地"和"太阳"两个意象频频出现在他的诗中。前者凝聚了他对祖国和人民最深沉的爱，后者表达了对光明的礼赞与渴望。艾青很好地整合了现实主义与现代主义，从而使自由体诗在艺术上达到了一个新的高度。

30. 散文

散文的变革始于晚清时期的“文界革命”。早期维新思想家王韬、郑观应等人用报章文体鼓吹变法图强。梁启超的“新文体”不以“传世之文”而以“觉世之文”自期，具有里程碑意义。章太炎、邹容、陈天华、秋瑾等的革命派散文将革命性、鼓动性与通俗性相统一。

五四时期的散文体式多样，包括杂感小品、抒情美文、叙事散文、散文诗、文艺通讯等。鲁迅甚至认为，五四散文创作成就在诗歌、小说之上。它的兴起和繁荣与五四时期报刊业的发达密切相关。《新青

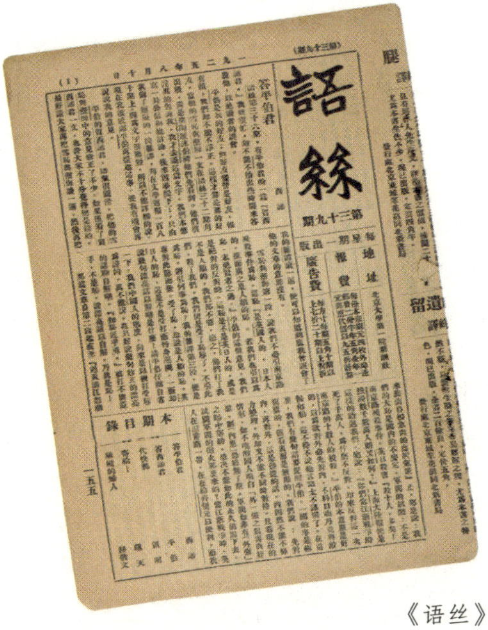
(第三十九期)
一九二五年八月十日
語絲
第三十九期
答平伯君
本期目錄
一五五

《语丝》周刊

年》"随感录"中的一些文艺性的短论和杂文，为现代散文开辟了道路。鲁迅创作了大量的杂文，使这一文体在新文学运动中具有特殊的地位。1927年，鲁迅出版了散文诗集《野草》，以曲折幽晦的隐喻、象征，表达内心的苦闷和对现实社会的抗争，"独战的战士"是其独创的艺术形象。1928年，他又出版了回忆性的散文集《朝花夕拾》。

《语丝》周刊刊载的社会批评和文化批评，"任意而谈，无所顾忌"，文笔幽默、泼辣，时称"语丝文体"。周作人是语丝社的重要作家。"美文"（又称散文小品）最能代表他的散文个性，以平和冲淡著称，如《吃茶》《谈酒》《乌篷船》《故乡的野菜》。俞平伯的散文也同属"美文"一派，如《桨声灯影里的秦淮河》《陶然亭的雪》。

文学研究会的朱自清、冰心的散文以文字优美著称。朱自清的散文面向现实人生，叙事记人、写景说理都贯注一个"情"字，如《背影》《荷塘月色》。冰心以清丽典雅的文笔表达"爱的哲学"，被称为"冰心体"，如《寄小读者》。许地山的《空山灵雨》借佛教文化智慧探求人生哲理。叶圣陶多年从事语文教学，其散文的语言严谨规范。瞿秋白的《饿乡纪程》《赤都心史》是现代文学史上最早的文艺通讯。

在20世纪30年代散文园地里，由于无产阶级文学的推动和倡导，杂文非常繁荣。作为左翼文坛主将的鲁迅写下了大量杂文，并在其影响下形成了杂文作家群。鲁迅的15本杂文集，是从五四前后到30年代中期中国社会的忠实记录，是一部思想文化发展史。鲁迅曾充满自信地说："'中国大众的灵魂'，现在是反映在我的杂文里了。"他的杂文，既逻辑绵密，又生动形象，"论时事不留面子，砭锢弊常取类型"。

在30年代文苑中，林语堂的幽默小品独具一格。他主张"以自我为中心，以闲适为格调"，提倡幽默、闲适、性灵。在其影响下形成的文学团体，人们称之为"论语派"。李广田、何其芳、卞之琳合出诗集《汉园集》，被称为"汉园三诗人"。此外，30年代的重要散文家还有丽尼、陆蠡、丰子恺、夏丏尊等。

作为抒情散文的一支——游记散文在 30 年代也有新的发展，既有海外游记，如朱自清的《欧游杂记》《伦敦杂记》、郑振铎的《欧行日记》、王统照的《欧游散记》、李健吾的《意大利游简》等，又有写国内山水名胜的，如郁达夫的《屐痕处处》。30 年代急剧变动的社会现实使报告文学获得了发展，夏衍的《包身工》“在中国的报告文学上开创了新的记录”。

朱自清

40 年代散文的成就不大。由于报告通讯快捷敏锐的文体特征最适合抗战的需要，所以成为这一时期的流行体裁。战地记者写下了大量关于前线战场的报告。国统区的报告文学重在暴露黑暗、批判现实，解放区则主要写英雄模范。杂文的战斗性特征也使它在这一时期比较活跃。国统区有夏衍、聂绀弩、冯雪峰等，“孤岛”以及沦陷后的上海则活跃着一群以杂文刊物《鲁迅风》为阵地的作者群，巴人是主将。

31. 戏剧

在中国文学现代化的过程中，最早提倡戏剧观念革新的是陈独秀。1905 年，他在《开办〈安徽俗话报〉的缘故》一文中提出“戏馆子是众人的大学堂，戏子是众人大教师”的观点。同年，陈去病、汪笑侬创办了我国最早的戏剧杂志《二十世纪大舞台》。其时的“戏剧改良”

走了两条不同的探索道路：一是旧剧改良，即在旧剧中注入新的内容和审美要素；一是在新派剧中渗透戏曲因素的表演，称为“文明戏”。但两者都不成功。

五四时期，周作人、钱玄同、刘半农、胡适等人在批判旧剧的过程中倡导建立中国现代戏剧理论，其内容包括两个方面：一是把戏剧当作改善人生的工具，二是提倡写实主义戏剧。他们还推动形成了一个介绍外国戏剧理论、翻译和改编外国戏剧创作的热潮。郭沫若是中国现代历史剧的开拓者。早期历史剧的代表作是《卓文君》《王昭君》《聂莹》，被合称为“三个叛逆的女性”。

田汉在20年代戏剧创作中成绩最为突出。他早年留学日本时曾自署为“中国未来的易卜生”，倡导“新浪漫剧”，如《咖啡店之一夜》《湖上的悲剧》。这些作品重情绪、直觉与幻想，表现灵与肉的激斗，抒发一种世纪末的焦灼、悲观、颓废的情绪。在《获虎之夜》《名优之死》中，现实主义因素逐步增强，标志着其创作走向成熟。

1929年秋，为了提倡和推进无产阶级戏剧运动，在上海的部分左翼文艺家策划成立了上海艺术剧社。1930年8月，艺术剧社又联合其他剧团共同成立了“中国左翼剧团联盟”，后又改组为以个人名义参加的“中国左翼戏剧家联盟”（简称“剧联”）。为了建立抗日民族统一战线，1935年冬，“剧联”自动解散，配合“国防文学”提出“国防戏剧”口号，以代替“无产阶级戏剧”口号。这一时期的主要剧作家有田汉、洪深、曹禺、熊佛西、李健吾、袁牧之、宋春舫等。田汉此时的创作，主要有两类：一是反映工人生活与斗争，如《梅雨》；二是表现抗日爱国主题的，如《回春之曲》。洪深与欧阳予倩、田汉被称为“中国话剧的三个奠基人”。洪深在30年代创作了当时颇有影响的左翼剧作《农村三部曲》。李健吾的剧作着重表现人物内心的冲突，如《这不过是春天》《梁允达》。

曹禺对中国现代戏剧的发展做出了杰出贡献，奠定了五四以来这一新生艺术样式在我国现代文学上的地位。从《雷雨》(1934年)、《日出》(1936年)到《原野》(1937年)，是曹禺创作道路的第一阶段。反封建与个性解放的主题在这三部剧作中不断深化。《雷雨》是一部杰出的现实主义家庭悲剧。作者通过一天时间、两个场景，集中展现了周、鲁两家前后30年错综复杂的矛盾冲突，结构非常精巧。抗战爆发后，曹禺辗转到重庆，后又到四川江安，进入创作的第二个阶段，先后推出了《蜕变》《北京人》以及《家》(由巴金的同名小说改编而成)。《北京人》是曹禺剧作的又一艺术高峰。假如说《雷雨》侧重于从家庭内部关系揭露封建统治，那么《北京人》则力图对整个封建文化进行反思，以期找到通往新生活的精神力量。

曹禺

随着抗日救亡运动的高涨，戏剧运动也活跃起来。为适应宣传、鼓动的需要，戏剧趋向小型化、轻型化和通俗化，如街头剧、活报剧、茶馆剧、朗诵剧、游行剧、灯剧等。

现实主义剧作方面，夏衍的成就比较突出。代表作《上海屋檐下》写的虽然是"几乎无事的悲剧"，但透过上海五户市民家庭灰暗的生活和"人生的零碎"，读者看到了那个时代的真实面貌。这一时期有影响的作品还有田汉的《秋声赋》和《丽人行》、宋之的的《鞭》和《祖国在呼喊》、于伶的《夜上海》和《长夜行》、袁俊的《万世师表》、陈白尘的《升官图》和《岁寒图》、吴祖光的《风雪夜归人》等。

历史剧在40年代比较繁荣。郭沫若先后创作了《棠棣之花》《屈原》《虎符》《高渐离》《孔雀胆》《南冠草》六部大型历史剧，表现反侵略、反投降、反独裁专制，争取民主、自由的时代主题。同时期的历史剧还有欧阳予倩的《忠王李秀成》、阳翰笙的《天国春秋》、阿英的《碧血花》等。

解放区的戏剧以延安文艺座谈会的召开为界，分为两个阶段。前期有不少剧目脱离根据地实际，后期则发生了显著变化。轰轰烈烈的群众性的新秧歌剧运动最先取得成功，后又出现了具有鲜明民族特色的新歌剧《白毛女》《王秀鸾》等。旧剧改革也有成效，比如新编历史剧《逼上梁山》《三打祝家庄》、马健翎的新秦腔《血泪仇》等。话剧创作成就相对小一些，但在题材和形式上也有新的拓展。总之，解放区的戏剧对现代戏剧的大众化和民族化做出了独特的贡献。

夏衍

第七章 经典艺术

Chapter VII

Classical Art

32. 书法

书法是汉字的书写艺术。从狭义讲，书法是指用毛笔书写汉字的方法和规律，包括执笔、运笔、点画、结构、布局等内容。

中国书法强调用笔。用笔包括笔法、笔力、笔势、笔意四个方面。笔法指用笔的方法与法度；笔力就是笔画的力量感；笔势指线条的势态、运动感；笔意指点画的情趣意味，它能表现人的精神状态。书法传统把“永字八法”作为楷书用笔的法则。“永字八法”其实就是“永”这个字的八个笔画，每一笔都是事物特点的形象化。

甲骨文是中国书法史上的第一块瑰宝，其笔法已有粗细、轻重、疾徐的变化，下笔轻而疾，行笔粗而重，收笔快而捷，具有一定的节奏感。金文为中国书法史上的又一丰碑，较之于甲骨文，刻于青铜器上的金文更为粗壮有力，艺术成就也很高。

书法艺术的繁荣期，是从东汉开始的。东汉时期出现了以蔡邕为代表的隶书家，以张芝为代表的草书家。此时期隶书已登峰造极，字形方正，法度谨严。三国时期，隶书开始由汉代的高峰降落衍变出楷书，楷书成为书法艺术的又一主体。晋代，书法大家辈出，在书法史上最具影响力的书法家当属王羲之，人称“书圣”。隋朝结束南北朝的混乱局面，统一了中国，是较为安定的时期，楷书的形式正式固定，在书法史上具有承前启后的重要作用。

唐代文化博大精深、辉煌灿烂，书法艺术也进入了新的鼎盛时期。楷书、行书、草书发展到唐代都跨入了一个新的境地。楷书大家有欧阳询、虞世南、褚遂良，草书代表则有张旭、怀素。颜真卿、柳公权也是这一时期著名的书法大家。宋朝书法尚意，讲究书法创作中的个性化和独创性，凸现出一种标新立异的姿态，并给人以一种新的审美意境，代表人物是苏轼、黄庭坚、米芾、蔡襄四大家。到了元代，书法总的来说崇尚复古，宗法晋、唐而少创新。元朝书坛的核心人物是赵孟頫。

明代书法家有擅草书的刘基、工小楷的宋濂、精篆隶的宋璲和名满天下的章草名家宋克，以及祝允明、文徵明等名家。明末书坛则放浪笔墨，狂放不羁，这种风气在清代进一步延伸，如朱耷、傅山、“扬州八怪”等人的书法创作，他们的作品璀璨夺目，是中国书法文化的又一大景观。

近代中国是一个急剧变化的时代。这一时期的书法，上承清末，在康有为“北碑南帖”的“抑帖扬碑”理论的引领下，碑派书法继续占据着重要的位置，但没能产生重要的“碑派书法”大师。而帖学，却出现了一些大师，如沈尹默、白蕉等。

在中国书法史上，出现了许多著名的书法家，下面主要介绍几位书法家：

钟繇（151—230），三国魏颍川长社（今河南）人。钟繇书法学曹喜、刘德升、蔡邕，博取众家之长，兼擅各种书体，尤其精于隶书和楷书。他打破隶书中的常规，变隶书平扁成楷书的方正，被后世尊为“楷书鼻祖”，并与王羲之合称“钟王”。他的传世之作有《宣示表》《贺捷表》《力命表》等，尤以《宣示表》最为著名。

王羲之（303—361，一作321—379），东晋时期著名书法家，被誉为“书圣”，与其子王献之合称“二王”。王羲之兼善隶、楷、行、草各体，广采众长，备精诸体，自成一家，影响深远。王羲之很喜欢鹅，他认为养鹅不仅能陶冶情操，还能从观察鹅的动作形态中悟到书法理论。他的书法代表作有《黄庭经》《乐毅论》《十七帖》《兰亭集序》《初月帖》等，其中《兰亭集序》被誉为“天下第一行书”。

王羲之

欧阳询（557—641），潭州临湘（今湖南长沙）人，出生于衡州（今湖南衡阳），楷书四大家之一。他的楷书笔力遒劲，法度森严，结构平稳之中寓险奇，被后人奉为楷书的最高标准，称为“欧体”。他的楷书代表作品有《九成宫醴泉铭》《皇甫诞碑》《虞恭公温彦博碑》等，尤以《九成宫醴泉铭》著名。

张旭（675—约750），唐朝吴县（今江苏苏州）人。张旭是一位极有个性的草书大家，因他常喝得大醉就呼叫狂走，然后落笔成书，甚至以头发蘸墨书写，故有“张颠”的雅称。他还被后世尊称为“草圣”。他的书法代表作有《草书心经》《古诗四帖》等。

颜真卿（709—784），京兆万年（今陕西西安）人，祖籍琅玡临沂（今山东临沂）。颜真卿以自己的人品、学识和对书法艺术的创新，开创了“二王”体系之外的新书体——“颜体”。他的书法严谨清雄，方圆兼具，横画细劲，竖画粗重。他的书法代表作有《颜勤礼碑》《多宝塔碑》《颜家庙碑》等。

柳公权（778—865），京兆华原（今陕西铜川）人。柳公权擅长楷、行、草书，而楷书功力最深。他创造出独特风格的“柳体”，与颜真卿并称“颜柳”。他的书法代表作品有《神策军碑》《玄秘塔碑》《李晟碑》等，尤以《神策军碑》著名。

赵孟頫

赵孟頫（1254—1322），浙江吴兴（今浙江湖州）人。南宋末至元初著名书法家、画家、诗人。他善篆、隶、楷、行、草书，尤以楷、行书著称于世。其书法笔法圆熟，温文典雅，独创“赵体”。赵孟頫与欧阳询、颜真卿、柳公权并称“楷书四大家”。赵孟頫的书法对后世影响很大，在明清之间，就连书店刻书，也多用赵体。他的书法代表作品有《洛神赋》《妙严寺记》《福神观记》《三门记》等。

33. 篆刻

篆刻艺术，是书法和镌刻相结合，用来制作印章的艺术，是汉字特有的艺术形式，具有悠久的历史。

早在商周时期，作为权力象征和社会交往的凭信，便已经出现了篆刻的印章，称为“鉨”，也就是后来的“玺”，材质基本为铜和玉。我们现在看到的最早的印章大多是战国古玺。

秦统一后，天子独称“玺”，其余称“印”，“印章”的称呼由此而来。秦代官印较大，私印较小，大多为小篆字体。这一时期已出现了以吉语、训诫语为内容的印章。

汉代改变篆法，将秦时小篆字体的圆转流畅改变为平整庄严的摹印篆（缪篆），与隶书相近。印章材质主要为金、银、象牙、玉石之类。汉代篆刻印章极其繁盛，流传至今的印章实物众多，成为学习篆刻最“正宗”的基础。魏晋、南北朝基本继承汉制，字体沿用缪篆。

隋唐以后，纸张使用成为主流，尺寸越来越大，文字则改汉印雄浑平整的白文为盘旋折叠（号称“九叠”）、粗细相等的朱文。虽然这是在缪篆基础上变化，却极尽奢华繁复。这一时期，篆刻印章由工匠制作的实用工具，开始为文人关注。唐时官员、文人以拥有印章为风雅，收藏印章也开始盛行。当时，书法绘画都有了长足的进展，为了鉴藏书画，书画家在作品上钤盖印章渐成风气。印章与书画有机融为一体，印章成为人们同时欣赏的对象。自此，印章由实用工具向艺术品转化，也逐渐向篆刻艺术过渡。

宋元时期，印章逐渐为人们所重视，出现了以此为能事的文人和书画家。宋代杨克一的《集古印格》和王俅的《啸堂集古录》，对古代玺印都有辑录。元代吾丘衍写成中国最早的印学理论著作《学古篇》。宋、元的很多私印，都很有艺术性，有的是出自文人之手。元末王冕

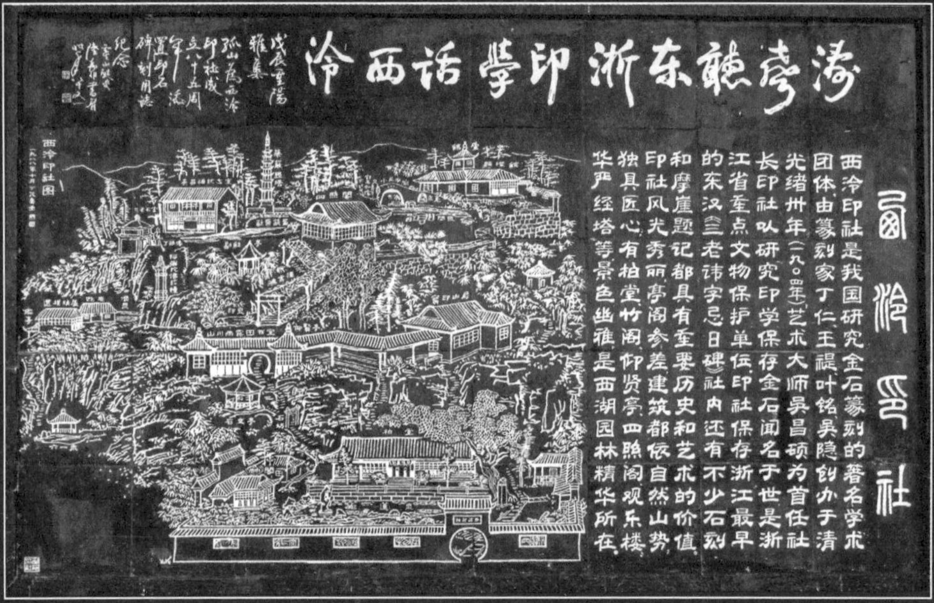
湖秀聽东浙印學話西泠
西泠印社
西泠印社是我国研究金石篆刻的著名学术团体由篆刻家丁仁王禔叶铭吴隐创办于清光绪卅年(一九〇四年)艺术大师吴昌硕为首任社长印社以研究印学保存金石闻名于世是浙江省重点文物保护单位印社保存浙江最早的东汉(三老讳字忌日碑)社内还有不少石刻和摩崖题记都具有重要历史和艺术的价值印社风光秀丽亭阁参差建筑都依自然山势独具匠心有柏堂竹阁仰贤亭四照阁观乐楼华严经塔等景色幽雅是西湖园林精华所在
西泠印社图

西泠印社

率先使用花乳石刻印。花乳石易于镌刻，自王冕采用之后，就为文人和艺术家用刀刻印开辟了新的天地。石质印材的广泛使用，为篆刻艺术的发展提供了极好的物质条件。

明代中叶，印章已发展为独特的篆刻艺术。它从实用品、书画艺术的附属品，而发展成为独立的艺术。明正德、嘉靖年间，文徵明之子文彭继承家学，能书善画，大量采用易于刀刻的优质石材为印材，以篆刻擅名当时，后来的篆刻家奉他为篆刻之祖。由于文彭的倡导，篆刻艺术得以盛行。文彭一派被称为吴门派。在吴门派中的篆刻家有归昌世、李流芳、陈万言、顾苓、顾昕等。与文彭齐名的何震，早年师法文彭，后来转而取法秦、汉玺印，在篆刻上创造了多种艺术形式，被誉为是“集大成者”，对后世影响很大。此后，大批有艺术修养的文人骚客纷纷自己动手治印，篆刻之风日盛，成为独立于书画的艺术门类。

自文、何之后至清末整整四个世纪，篆刻艺术蓬勃发展，涌现出众多的流派、风格，如前期以何震为创始人的皖派；清初以程邃为首开创的徽派；同时汪关、汪泓父子的娄东派；乾隆后期崛起的以丁敬为首，合称“西泠八家”的浙派；随后邓石如的邓派、赵之谦的赵派、黄牧甫的黟山派、吴昌硕的吴派等。一些较小的流派如闽派（莆田派）、林派、如皋派、云间派也有相应的影响。明清两代篆刻界流派繁多，名家辈出，风格多样，百花呈艳，成为文人篆刻艺术的最高峰。

晚清至民国时期，大批著名书画家、文学家、古文字学家、文物考古学家加入了篆刻创作队伍，使得篆刻界活力大增。近代篆刻虽未出现新的流派，但名家名作也大量涌现。如有篆刻大师吴昌硕、齐白石等。此外，还成立了西泠印社。西泠印社，创立于清光绪三十年（1904），由浙派篆刻家丁仁、王禔、吴隐、叶铭等发起创建，是海内外研究金石篆刻历史最悠久、成就最高、影响最广的学术团体，

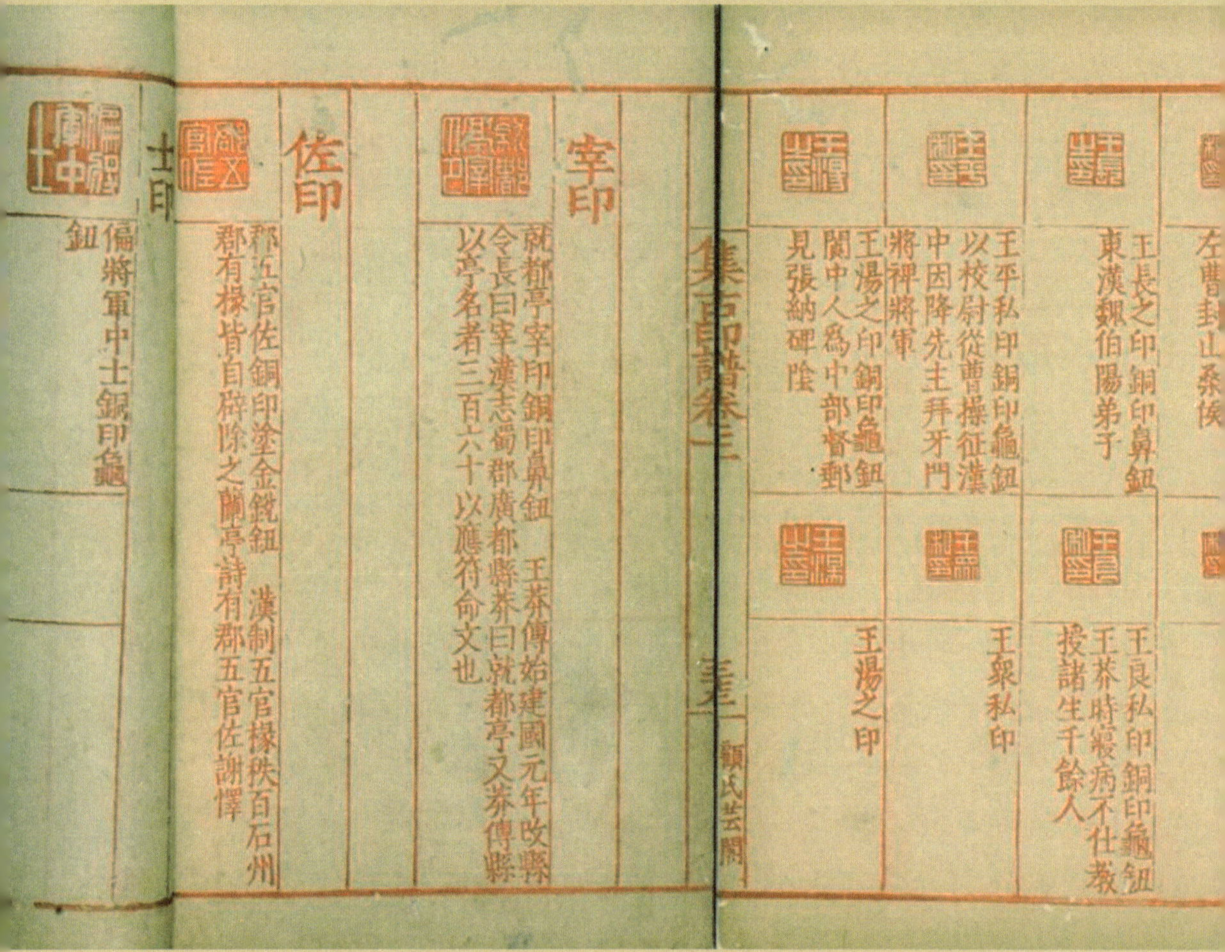

左曹封山桑侯

王長之印 銅印鼻鈕
東漢觟伯陽弟子

王良私印 銅印龜鈕
王莽時寢病不仕教授諸生千餘人

王平私印 銅印龜鈕
以校尉從曹操征漢中因降先主拜牙門將裨將軍

王梟私印

王湯之印 銅印龜鈕
閬中人為中部督郵見張納碑陰

王湯之印

集古印譜卷三

顧氏芸閣

宰印

就都亭宰印 銅印鼻鈕 王莽傳始建國元年改縣令長曰宰漢志蜀郡廣都縣莽曰就都亭又莽傳縣以亭名者三百六十以應符命文也

佐印

郡五官佐 銅印塗金鈕 漢制五官掾秩百石州郡有掾皆自辟除之蘭亭詩有郡五官佐謝懌

士印

偏將軍中士 銀印龜鈕

《集古印格》

西泠印社

有“天下第一名社”之盛誉。社址坐落于浙江省杭州市西湖景区孤山南侧。社内建有中国印学博物馆，收藏历代字画、印章多达 6000 余件。1913 年，近代艺术大师吴昌硕出任首任社长，盛名之下，精英云集，李叔同、黄宾虹、马一浮、丰子恺、吴湖帆、商承祚等均为西泠印社社员。受西泠印社影响，日本的河井荃庐、长尾甲等海外社员把篆刻艺术带回国内，在日本、韩国创立了全国性的篆刻创作与研究团体。

篆刻是一门综合性的艺术，它直溯文字渊源，旁通书、画之理，与它们有着千丝万缕的联系，又兼涉镌刻技艺，内含人品性格和文学修养，从里到外都散发着强烈的艺术感染力。在 2009 年举行的联合国教科文组织保护非物质文化遗产政府间委员会第四次会议上，中国篆刻入选人类非物质文化遗产代表作名录。

34. 绘画

中国画在古代没有确定的名称，一般称之为丹青，主要指的是画在绢、宣纸、帛上并加以装裱的卷轴画。近现代以来，为了区别西方的油画（又称西洋画）等外国绘画而称为中国画，简称“国画”。它是用中国独有的毛笔、水墨和颜料，依照长期形成的表现形式及艺术法则而创作出的绘画。

中国画历史悠久，远在2000多年前的战国时期就出现了画在丝织品上的绘画——帛画，这之前又有原始岩画和彩陶画。这些早期绘画奠定了后世中国画以线为主要造型手段的基础。两汉和魏晋南北朝时期，域外文化的输入与本土文化的融合，使这时的绘画形成以宗教绘画为主的局面。这一时期的著名画家，有顾恺之、曹不兴、张僧繇、陆探微等。隋唐五代时期社会经济、文化高度繁荣，绘画也随之呈现出全面繁荣的局面，山水画、花鸟画已发展成熟。这一时期的著名画家，有吴道子、巨然、徐熙、韩干、阎立本、王维、董源等。两宋又进一步成熟且更加繁荣，文人画的出现及其在后世的发展，极大地丰富了中国画的创作观念和表现方法。这一时期的著名画家，有李公麟、米芾、米友仁、张择端、范宽、赵佶等。元、明、清三代水墨山水和写意花鸟得到突出发展。这一时期的著名画家，有黄公望、文徵明、唐寅、仇英、徐渭、傅山、石涛、朱耷、吴昌硕等。自19世纪末以后，中国画引入西方美术的表现形式与艺术观念，继承民族绘画的传统，出现了流派纷呈、名家辈出、不断改革创新的局面。如以上海为中心的江浙画家群，有黄宾虹、刘海粟、潘天寿、张大千、傅抱石、陆俨少等；以北京为中心的北方画家群，有齐白石、李苦禅、李可染等；以广州为中心的岭南画家群，有关山月、黄君璧等。随着时代的变迁，中国画由过去士大夫和贵族娱乐自赏的贵族艺术转向“为民众的艺术”。

朱耷《荷花双凫》

中国画按其使用材料和表现方法，可分为水墨画、工笔画等；按其题材又有人物画、山水画、花鸟画等。中国画在思想内容和艺术创作上，反映了中华民族的社会意识和审美情趣，体现了中国人对自然、社会及与之相关联的政治、哲学、宗教、道德、文艺等方面的认识。

水墨画，中国画的一种。指纯用水墨所作之画。相传始于唐代，成于五代，盛于宋元，明清及近代以来仍有发展。以笔法为主导，充分发挥墨的功能。认为墨的浓淡变化就是色的层次变化，色彩缤纷可以用多层次的水墨色度来代替。唐代王维认为画是“水墨为上”，后人继承了这种观点。长期以来，水墨画在中国绘画史上占有重要地位。

工笔画，又称“细笔画”，属于工整细致一类的画法。工笔画一般先要画好稿本，一幅完整的稿本需要反复修改才能定稿。工笔画历史悠久，从战国到两宋，工笔画的创作从萌芽到成熟。工笔画中，不论是人物画，还是花鸟画，都力求于形似，更多地关注细节，注重写实。中国工笔画具有浓郁的民族色彩和审美意趣。

人物画，指以人物形象为主体的绘画。中国的人物画，简称“人物”，是中国画中的一大画科，出现较山水画、花鸟画等为早；大体分为道释画、仕女画、肖像画、风俗画、历史故事画等。人物画力求人物个性刻画得逼真传神，形神兼备。其传神之法，常把对人物性格的表现，寓于环境、气氛、身段和动态的渲染之中。故中国画论上又称人物画为“传神”。著名人物画画家有东晋的顾恺之等。

朱耷《墨荷》

米芾山水画

山水画，简称“山水”，中国画的一种，指以描写山川自然景色为主体的绘画。在魏晋、南北朝已逐渐发展，但仍附属于人物画，作为背景的居多；隋唐开始独立；五代、北宋山水画大兴，出现了许多著名画家，如米芾、米友仁父子；元代山水画趋向写意，以虚带实，侧重笔墨神韵，开创新风；明清及近代，继续发展，并出现了一些新的面貌。

花鸟画，中国画的一种，主要以动植物为描绘对象。中国花鸟画集中体现了中国人与自然生物之间的一种审美关系，具有较强的抒情性。它往往通过动植物抒写画家自己的思想感情，体现时代精神，间接反映社会生活，在世界各民族同类题材的绘画中表现出十分鲜明的特点。著名的画家有清代的朱耷、近代的吴昌硕等。

中国画具有鲜明的中国特色，与西方绘画存在较大的差异。中国画重神韵，西洋画重形似。两者比较起来，主要有以下几个不同点：

第一，中国画常用线条，西方绘画线条都不显著。中国画线条大都不是物象所原有的，而是画家用以代表两物象之间的境界。西方绘画则不是这样，只有各物的界，界上并不描线。所以西方的绘画很像实物，而中国画不像实物，一望而知其为画。

第二，中国画不注重透视法，西方绘画非常注重透视法。透视法，就是在平面上表现立体物。西方绘画力求犹如真物，故非常讲究透视法。而中国画就不如此，它不讲究透视法，想到哪里，画到哪里，不受透视法的拘束。

第三，中国人物画不讲解剖学，西方人物画很重视解剖学。西方绘画中画人物，必须描得同真的人体一样。但中国人画人物，目的只在表出人物的姿态和特点，却不讲人物各部分的尺寸与比例。故不用写实法而用象征法。不求形似，而求神似。

第四，中国画不重背景，西方绘画很重背景。中国画不重背景，例如画梅花，一支悬挂空中，四周都是白纸。所以中国画的画纸，留出空白的地方很多。西方绘画就不如此，凡物必有背景，例如果物，其背景为桌子；人物，其背景为室内或野外。故画面全部填涂，不留空白。中国画与西方绘画的这一差别，也是由于写实与传神的不同而产生的。西洋画重写实，所以必须描绘背景；中国画重传神，所以必须删除琐碎而特写其主题，以此增强画的主题。

第五，中国画题材以自然为主，西方绘画题材以人物为主。中国画在汉代以前，也以人物为主要题材。但到了唐代，山水画占了主要地位。一直到今日，山水常为中国画的常用题材。西方自希腊时代起，绘画一直以人物为主要题材。中世纪的宗教画，大都以人物为题材。

中国画是具有悠久历史和优良传统的中国民族传统绘画，凝聚着中华民族的智慧、性格、心理和气质，以其鲜明的特色和独特的艺术魅力在世界画苑中独具体系。

张大千画作

白石老人補蝶

35. 敦煌壁画

敦煌位于中国甘肃、青海、新疆三省（区）的交会点。敦，是大的意思；煌，是盛的意思。盛大辉煌的敦煌有着悠久的历史、灿烂的文化。敦煌壁画就是这悠久灿烂文化中的奇葩，也是世人瞩目的敦煌学中的重要组成部分。

敦煌壁画，泛指存在于敦煌石窟中的壁画。包括敦煌莫高窟、西千佛洞、安西榆林窟，共有石窟 700 多个，有历代壁画 5 万多平方米，是中国也是世界壁画最多的石窟群。敦煌壁画内容丰富，规模巨大，技艺精湛。

敦煌壁画内容丰富多彩，和其他宗教艺术一样，它主要是描写神的形象、神的活动、神与神的关系、神与人的关系，通过这些壁画寄托人们善良的愿望，以达到安抚人们心灵的目的。敦煌壁画以莫高窟最为著名。

莫高窟，又名千佛洞，位于敦煌市东南 25 公里的鸣沙山下，因地处莫高乡而得名。它是中国最大、最著名的佛教艺术石窟，素有“东方艺术明珠”之称。莫高窟分布在鸣沙山崖壁上三四层不等，全长 1600 余米。现存石窟 492 个，壁画总面积约 45000 平方米，彩塑佛像等造型 2400 多身。石窟大小不等，塑像高矮不一，大的雄伟浑厚，小的精巧玲珑，其造诣之精深，想象之丰富，十分惊人。题材多取自佛教故事，也有反映当时的民俗、耕织、狩猎、婚丧、节日欢乐等的壁画。这些壁画彩塑技艺精湛无双，被公认为是世界佛教艺术的宝库。

敦煌壁画主要有以下几种类型：

一是佛像画。作为佛教艺术的敦煌壁画，佛像画是其主要部分，这些佛像画包括各种佛，如三世佛、七世佛、释迦牟尼佛、多宝佛等；各种菩萨，如文殊、普贤、观音等；天龙八部，如天王、龙王、夜叉、

佛像画

飞天、阿修罗等。这些佛、观音、神的像大都画在说法图中。仅莫高窟壁画中的说法图就有 933 幅，各种神态各异的佛像 12000 身。

二是经变画。用绘画的手法来表现佛教经典的内容，称为“变相”，也就是经变画。

三是以中国民族传统神话为题材的绘画。在北魏晚期的洞窟里，我们可以看到具有中国道家思想的神话题材作品。例如，在西魏第 249 窟顶部，除中心画莲花藻井外，其东西两面画有阿修罗与摩尼珠，南北两面画有东王公、西王母驾龙车、凤车出行。另外，朱雀、玄武、青龙、白虎分布在各壁之中。这些画形象生动，具有浓郁的民族特色。

四是供养人画像。供养人，是指由信仰佛教而出资建造石窟的人。这些供养人为了表示自己虔诚信佛，同时为了留名后世，他们在开窟造像时，在窟内画上自己和家族、亲眷、奴婢等人的肖像，这些肖像，被称为“供养人画像”。

五是装饰图案画。在敦煌壁画中，有丰富多彩的装饰图案，这些图案主要是用于石窟建筑的装饰，也有用于桌围、冠服和器物等的装饰。图案的装饰花纹随时代而异，千变万化，具有高超的绘画技巧和丰富的想象力。图案画主要有藻井图案、边饰图案等。

六是故事画。故事画的主要目的是为了广泛吸引信众，大力宣传

佛像画

佛像画

佛经佛法。要达到这一目的，就必须把抽象、深奥的佛教经典及史实用通俗、简洁、形象的形式表现出来，使一般的信众一看即懂，从而感召信众，使他们笃信朝拜。在敦煌洞窟内，就绘制了大量的故事画，这些画可以让信众在观赏的过程中，受到潜移默化的教育。故事画内容十分丰富，情节也生动感人，而且生活气息浓郁，具有很强的艺术魅力。故事画主要可分为五类：①佛传故事画。以宣扬释迦牟尼的生平事迹为主，其中许多是古印度的神话故事和民间传说，佛教徒经过若干世纪的加工修饰，附会在释迦身上。如第 290 窟（北周）的佛传故事，共 87 个画面，描绘了释迦牟尼从出生到出家之间的全部情节。这样的鸿篇巨制连环画，在中国佛教故事画中是比较少见的。②本生故事画。以描绘释迦牟尼生前的各种善行为主，通过这些生动故事的

《张骞出使西域》

描绘，宣传“因果报应”“苦修行善”的佛教思想。③因缘故事画。主要表现的是佛门弟子、善男信女和释迦牟尼度化众生的故事。这类作品与本生故事的区别是，本生故事画只描述释迦牟尼生前故事，而因缘故事画则讲佛门弟子、善男信女前世或今世的故事。这类作品所选故事，内容离奇，情节曲折，颇有戏剧性。④佛教史实故事画。指取材于史籍记载而画成的故事画，其中包括佛教圣迹、感应故事、高僧事迹、瑞像图、戒律画等。这类作品包含着历史人物和历史事件，是佛教历史文献的形象再现。⑤比喻故事画。这类作品主要选取释迦牟尼深入浅出、通俗易懂地给佛门弟子、善男信女讲解佛教教义所列举的故事。这些故事大都是古印度和东南亚地区的寓言、童话，被佛教徒收集记录在佛经里，而且保存至今。

七是山水画。敦煌壁画中的山水画几乎遍布石窟，其内容丰富，形式多样。这类作品大多与经变画、故事画融为一体，起着陪衬的作用。敦煌壁画中的山水画，有的是按照佛教典籍中的山水，参照现实景物，经过艺术想象，描绘出“极乐世界”中青山绿水、鸟语花香的美丽自然风光；有的是以山水为主体的独立画幅，如第 61 窟的“五台山图”等。

以上七类壁画作品，除了装饰图案外，一般都有情节，尤其是经变画和故事画，大都反映现实社会生活，如贵族高官的出行、宴会、审讯、游猎、剃度、礼佛等，普通民众的农耕、狩猎、捕鱼、制陶、冶铁、屠宰、炊事、营建、行乞等，还有嫁娶、上学、练武、歌舞百戏、商旅往来、少数民族、外国使者等各种社会活动及人物。因此，敦煌石窟，不仅是艺术，也是历史。

敦煌壁画的内容除了以上七类外，还有建筑画、器物画、花鸟画、动物画等，其艺术价值弥足珍贵，在结构布局、人物造型、线描勾勒等方面系统地反映了中国各历史时期的艺术风格、传承演变、中外艺术融汇的面貌。

36. 雕塑

中国雕塑是指具有中国特色且原产于中国的雕塑艺术品。中国雕塑有着悠久的历史，并且随着历史的变迁而不断发展。

已知最早的雕塑是发现于河南省密县沟的一件小型人头陶像，距今已有 7000 余年。新石器时代的雕塑作品主要是人和各类动物形象，神话传说的龙等神异形象也已出现。这类作品以陶塑居多，也有少量石、玉、牙、骨等材料的雕刻。

商、西周、春秋、战国时代的雕塑主要是青铜礼器，以人和动物或神异动物形象铸为器形。这类雕塑具有重要的政治、宗教、礼仪意义。商代作品大多富于神秘、威慑的色彩，表现的是神化了的人与兽；西周以后，风格趋于写实，现实的、理性的因素有所增长；春秋、战国时期，转向于华美，追求装饰性。商周时期的大型雕塑作品，有四川广汉市三星堆遗址的青铜人物立像和数十具青铜人头像、人面像。湖北随县曾侯乙墓所出的 6 个钟铜人，为战国时期人物雕塑的代表性作品。

三星堆青铜立人

秦汉时代雕塑艺术空前兴盛。1974 年在陕西临潼秦始皇陵以东发现的兵马俑雕塑群，共有 7000 余件，与真人、真马等大，是秦代雕塑艺术的代表。西汉大型雕塑的代表作是霍去病墓的 16 件动物石刻。墓上散置各种现实生活中的野兽和神怪的幻想动物形象，与大自然环境融为一体。甘肃武威雷台东汉末张君将军夫妇墓，出土近百件青铜车马仪仗俑，其中的铜奔马，表现一匹飞奔的骏马，一只后蹄踩住一只展翼翔飞的鸟，造型完美，具有丰富的艺术想象力。

莫高窟石造像

南北朝时期，雕塑发展上的一个重要现象是随着佛教的兴盛而出现的大规模的营造石窟寺的活动。中国的“四大石窟”——敦煌莫高窟、大同云冈石窟、洛阳龙门石窟、天水麦积山石窟，均开凿于此一时期。北朝营造的石窟广泛分布于山西、河南、甘肃等地区，南朝石窟则仅存南京栖霞山一处。其中，云冈石窟第 20 窟高 13.7 米的大佛坐像，庄严浑

龙门石窟石造像

云冈石窟石造像

龙门石窟石造像

朴，是古代大型石造像的杰作。南北朝时期另一类大型石雕是陵墓地面石刻群。存世的作品主要是分布于南京及其附近地区的宋、齐、梁、陈四代帝王及王侯陵墓的 30 处石雕群。

唐代雕塑艺术的成就，首先表现在石窟艺术方面。一些重要的早期石窟，唐代都继续有大规模的开凿。其代表性作品为雕成于高宗、武后时期的龙门石窟奉先寺石刻造像。陕西、河南、山西等地出土的与真人等高的石雕菩萨立像，敦煌莫高窟第 159、194 等窟的彩塑菩萨像，都女性化了，造型以当时贵族妇女形象为参照，表现出富贵气息。唐代陵墓石刻群主要集中于陕西关中地区，共有 19 位皇帝的 18 座陵墓和许多陪葬墓。唐代盛期，还曾在都城建造过纪念性雕刻。如武则天在洛阳以铜铁材料铸造的天枢纪念柱，四周有石狮、麒麟环绕。唐代著名雕塑家有杨惠之，以长于塑造具体人物达到传神地步而著称。

五代雕塑作品保存下来的较少，比较重要的有山西平遥镇国寺一组彩塑佛教造像，前蜀王建墓的王建像和刻有浮雕伎乐、抬棺神将的石棺，南唐钦、顺二陵的 190 件陶俑。五代雕塑代表了由晚唐以来过渡时期的艺术风格。

在宋代，宗教雕塑和墓室雕刻、俑类作品都有不俗的表现。大足石窟中第 136 窟（心神车窟，雕于南宋绍兴年间）八菩萨像庄严婉丽，第 129 窟数珠手观音像丰姿绰约，同为宋代佛教造像的精品。宋代寺庙金属造像遗存比较重要的有河北正定隆兴寺大悲菩萨铜像、四川峨眉山万年寺普贤菩萨金铜像、山西太原晋祠圣母殿的侍女像等。此外，福建泉州老君石雕像是古代重要的大型道教造像。北宋陵墓石刻的主要部分在河南巩县，共有 8 陵，现存石刻 539 件，加上陪葬墓石刻，共千余件。宋、辽、金时期的俑数量不多，但却很有特点，出现大量直接模拟现实、表现起居生活和桌椅等日用器物的雕刻作品。

元代以后，雕塑艺术成就突出地表现在宫廷、皇家园林的环境雕

麦积山石窟石造像

塑方面。元代存世的重要作品有居庸关云台浮雕护法天王、十方佛、千佛等石刻，杭州飞来峰石刻等。元代著名的雕塑家有生于尼泊尔的阿尼哥和他的学生刘元。

明、清两代建筑雕刻的精华荟萃于故宫建筑群和天坛、北海、颐和园、圆明园等。故宫天安门前的华表、石狮，故宫内的鎏金铜龙、凤、麒麟、狮、象等动物雕塑，以不同的材质和丰富多样的造型点缀和调节着宫殿群。明清陵墓雕刻保存较完整，主要有南京明孝陵石刻，北京明十三陵石刻群，河北遵化清东陵、易县清西陵多组石刻群。宗教雕塑主要为寺庙彩塑和小型的木、石、金铜佛像。明代优秀造像有陕西蓝田水陆庵塑壁，山西平遥双林寺的天王、力士、罗汉、渡海观音等。清代小型喇嘛教金铜佛中也多有精品。

五四新文化运动前后，一批留学生赴欧洲、日本学习了西洋雕塑技法后，在国内美术院校开设雕塑科、系。中国艺术院校的雕塑教学始于1920年，其年上海美术专科学校设立雕塑科，之后杭州艺术专科学校、北平艺术专科学校等相继设立雕塑系、科。当时，比较大的雕塑作品有为纪念孙中山和其他民主革命家塑制的纪念像及抗日战争英雄纪念碑等。中国近代雕塑的代表人物，20世纪20至30年代有江小鹣、李金发，40年代有刘开渠、王临乙、滑田友等。

中国雕塑，述说着中华民族发展的历史，凝聚着中华民族的精神和传统，展现了中华民族的价值观念及审美情趣。

37. 音乐

中国音乐历史悠久。从现今一些古文化遗存中发现的原始乐器来看，中国音乐在原始社会即已存在。在河南省舞阳县贾湖村新石器遗址发掘出了21支骨头制的笛子，这距今有八九千年之久。这些“骨笛”全部是用鹤类尺骨制成，大多钻有7个孔。这是迄今发现的最早的乐器。在江苏吴江梅堰和浙江余姚河姆渡出土了骨哨，经测定，河姆渡骨哨为距今7000年左右新石器时代的遗物。这些事实证明，古老的中国音乐在几千年前就已经发展到了相当高的水平。

根据古代文献记载，中国远古的音乐具有歌、舞、乐相互结合的特点。当时，人们所歌咏的内容，反映了先民们对农业、畜牧业以及天地自然规律的认识。这些歌、舞、乐互为一体的原始乐舞，还与原始氏族的图腾崇拜相联系。

夏商两代是奴隶制社会时期。这时的乐舞更多地为奴隶主所占有。从内容上看，它们渐渐离开了原始的图腾崇拜，转而对征服自然的人颂歌。例如夏禹治水，造福人民，于是便出现了歌颂夏禹的乐舞《大夏》。商代巫风盛行，于是出现了专司祭祀的巫（女巫）和觋（男巫），他们是最早以音乐为职业的人。夏代，已经有用鳄鱼皮蒙制的鼓。商代，则出现了编钟。

西周时期宫廷首先建立了完备的礼乐制度。不同地位的官员，规定有不同等级的乐舞编队。周代还有采风制度，收集民歌，以观风俗、察民情。周代音乐文化高度发达，以 1978 年湖北随县出土的战国曾侯乙墓葬中的古乐器为重要标志。在周代，十二律的理论已经确立，五声阶名（即宫、商、角、徵、羽，类似现在简谱中的 1、2、3、5、6）也已经确立。

秦汉时，开始出现“乐府”。它继承了周代的采风制度，搜集、整理民间音乐，也会集中大量乐工在宴享、郊祀、朝贺等场合演奏。这些用作演唱的歌词，被称为乐府诗。

汉代在西北边疆兴起了鼓吹乐。它以不同编制的吹管乐器和打击乐器构成多种鼓吹形式，或在马上演奏，或在行进中演奏，用于军乐

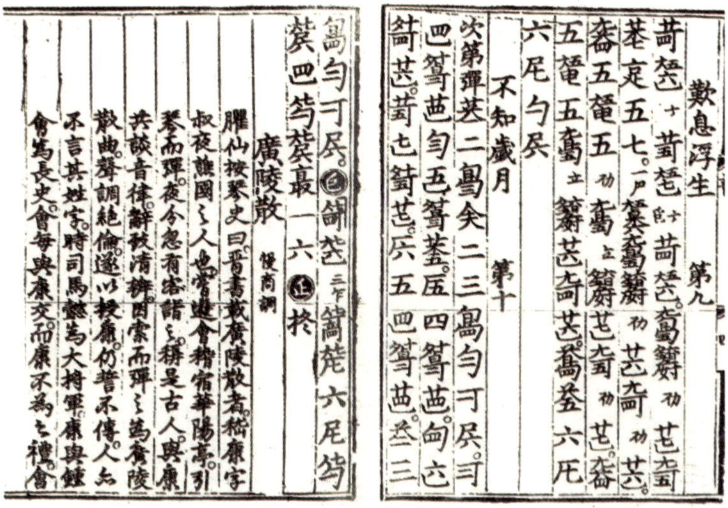
歎息浮生 第九

不知歲月 第十

廣陵散 慢商調

臞仙按琴史曰晉書載廣陵散者嵇康字叔夜譙國人也嘗遊會稽宿華陽亭引琴而彈夜分忽有客詣之稱是古人與康共談音律辭致清辯因索而彈之為廣陵散曲聲調絕倫遂以授康仍誓不傳人亦不言其姓字時司馬懿為大將軍康與鍾會為長史會每與康交而康不為之禮會

《广陵散》琴谱

礼仪、宫廷宴饮以及民间娱乐。

三国、两晋、南北朝时期，曹魏政权设置了清商署。两晋之交的战乱使清商乐流入南方，与南方的吴歌、西曲融合。在北魏时，这种南北融合的清商乐又回到北方，从而成为流传全国的重要乐种。汉代以来，随着丝绸之路的畅通，西域诸国的歌曲已开始传入内地。北凉时吕光将龟兹（今新疆库车）乐带到内地。由此可见，当时各族人民在音乐上的交流已经十分普及。这时，传统音乐文化的代表性乐器古琴趋于成熟，《广陵散》《酒狂》等一批著名曲目问世。

隋唐两代，政权统一。特别是唐代，政治稳定，经济繁荣，统治者奉行开放政策，勇于吸收外域文化，出现了“燕乐”。它是各族以及部分外国的民间音乐，主要有清商乐（汉族）、西凉（今甘肃）乐、高昌（今吐鲁番）乐、龟兹（今库车）乐、康国（今乌兹别克斯坦撒马尔罕）乐、安国（今乌兹别克斯坦布哈拉）乐、天竺（今印度）乐、高丽（今朝鲜）乐等。

唐代还出现了一系列音乐教育的机构，如教坊、梨园、大乐署、鼓吹署以及专门教习幼童的梨园别教院。在唐代的乐队中，琵琶是主要乐器之一。现在福建南曲和日本琵琶，在形制和演奏方法上还保留着唐琵琶的某些特点。

宋、金、元时期，音乐文化的发展以市民音乐的勃兴为重要标志，较隋唐音乐得到更为深入的发展。承隋唐曲子词发展的遗绪，宋代词调音乐获得了空前的发展。宋代的古琴音乐以郭楚望的代表作《潇湘水云》开古琴流派之先河。在弓弦乐器的发展长河中,宋代出现了“马尾胡琴”的记载。到了元代，民族乐器三弦的出现值得注意。戏曲艺术在元代出现了以元杂剧为代表的高峰。当时南北曲的风格已经初步确立，以七声音阶为主的北曲沉雄，以五声音阶为主的南曲柔婉。

明、清时期，由于社会已经具有资本主义经济因素的萌芽，市民阶层日益壮大，音乐文化的发展更具有世俗化的特点。明代的民间小曲内容丰富，私人收集编辑，刊刻小曲成风，而且从民歌小曲到唱本、戏文琴曲均有私人刊本问世。如冯梦龙编辑的《山歌》，朱权编辑的最早的琴曲《神奇秘谱》等。这一时期，器乐的发展表现为民间出现了多种器乐合奏的形式。而在明代末，著名的乐律学家朱载堉的《乐律全书》计算出十二平均律的相邻两个律（半音）间的长度比值，精确到二十五位数，这一律学上的成就在世界上是首创。

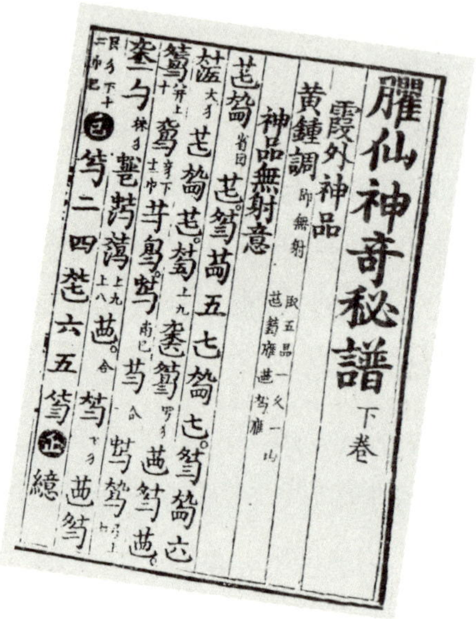

《神奇秘谱》

近代，中国音乐的发展交织着传统音乐和欧洲传入的西洋音乐。民族器乐则以民间出现各种器乐演奏的社团为特点，如“天韵社”“大同乐会”等。由于西洋音乐的传入，在清末民初出现了学堂民歌运动。当时一些要求效法欧美、富国强兵的维新派知识分子倡导了这一运动，如梁启超、李叔同等。此外，还建立了一些音乐社团，如“北大音乐研究社”“中华美育社”“国乐改进社”等。而专业的音乐教育，最初就是在这些音乐社团的基础上建立的。20 世纪 20 年代，肖友梅在上海创建国立音乐院，这是正规专业音乐教育的开始。这一时期，专业音乐的发展以歌曲为主要体裁，器乐曲相对来说较为薄弱。但在器乐作品民族化方面也出现了一些较好的作品，如贺绿汀的钢琴曲《牧童短笛》、瞿维的钢琴曲《花鼓》、马思聪的小提琴曲《内蒙组曲》、民族器乐曲《春江花月夜》以及阿炳的《二泉映月》等。

中国音乐不仅具有悠久的历史，而且有着自己独特的艺术魅力，是世界音乐中一个极为重要的组成部分。

38. 乐器

在古代，中国人发明制造了许多具有民族特色的乐器。这些造型各异的乐器，演奏出美妙丰富的音律，悦耳动人的声音，深受人们喜欢。中国乐器大都能够表达细微的感情及复杂的感情变化。中国的民族乐器非常多，比较有代表性的主要有编钟、箫、竹笛、古筝、古琴、琵琶、二胡、马头琴等。

编钟，是中国古代汉族大型打击乐器。编钟兴起于西周，盛于春秋战国直至秦汉。中国是最早制造和使用乐钟的国家。编钟用青铜铸成，由大小不同的扁圆钟按照音调高低的次序排列起来，悬挂在一个巨大的钟架上，用丁字形的木槌和长形的棒分别敲打铜钟，能发出不

编钟

同的乐音，因为每个钟的音调不同，按照音谱敲打，可以演奏出美妙的乐曲。编钟多用于宫廷的演奏，在民间很少流传，每逢征战、朝见或祭祀等重大活动时，都要演奏编钟。1957 年，在我国河南信阳城阳城址出土的第一套编钟 13 枚，音乐家随即用此演奏《东方红》，中央人民广播电台还把这首《东方红》定为开播曲。1978 年，湖北随州南郊擂鼓墩的一座战国时代（约前 433）的曾侯乙墓出土的编钟，是至今为止所发现的成套编钟中最引人注目的一套，这套编钟之大，足以占满一个现代音乐厅的整个舞台。整套编钟音域可以达到五个八度，十二个半音齐备，音阶结构接近于现代的 C 大调七声音阶，能奏出现代钢琴上的所有黑白键的音响。这套编钟的定音频率为 256.4 赫，与现在钢琴上的中央“C”频率几乎完全相等。可见，远在 2400 多年以前，中国的音乐文化和铸造技术已经发展到相当高的水平，它比欧洲十二平均律的键盘乐器的出现要早将近 2000 年，被誉为人类文化史上的奇迹。

箫，又名洞箫，是一种非常古老的乐器。它由竹子制成，为直吹乐器。箫历史悠久，与笛同源。箫的音色非常圆润轻柔，幽静典雅，在夜深人静的时候吹奏，乐声更为幽美悦耳。在中国，演奏箫这种乐器时一般不叫“吹箫”，而尊称为“品箫”。那是因为，人们认为箫具有非常高的品位，只有道德情操非常高的人才能用箫吹奏出优美的音律。所以，中国古代读书人都非常喜欢箫这种乐器。后来，箫还传播到国外，其吹奏出来的音乐深受人们的欢迎。1913 年，贵州玉屏箫笛在英国伦敦国际手工艺品展览会上获得银奖；1915 年，在美国旧金山举行的巴拿马国际博览会上，玉屏箫一举夺得金奖，这是中国在世界上首次获奖的乐器。

竹笛，也称笛子，由一根竹管做成的横吹乐器。竹笛在中国有着非常悠久的历史，在汉代著名历史学家司马迁的《史记》中就有笛子的记载。竹笛具有强烈的民族特色，发出的声音清脆、明亮，给人以美的享受。因此，竹笛被外国人称赞为“具有如此奇妙的音响及不可替代的民族性”。竹笛在中国非常普遍,即便在农村都有许多人会吹奏。

古筝，一种弦乐器。古筝是一种非常古老的民族乐器。据汉代历史学家司马迁在《史记》中记载，古筝在战国时期的秦国比较盛行。而在 1979 年，通过考古发现，在江西省贵溪市仙岩东周墓葬群中也发现了筝这种乐器。可见，古筝在中国有着非常悠久的历史。在唐宋时，古筝一般为十三根弦，后来逐渐增加到十六根弦、十八根弦、二十一根弦、二十五根弦等，目前最常用的古筝为二十一根弦。演奏方法为右手拇指、食指、中指、无名指四指拨弦，弹出旋律、掌握节奏，同时用左手控制弦音的变化。古筝的音域非常宽广，音色优美动听，被称为“众乐之王”，也被人称为是“东方钢琴”。

古琴，又称七弦琴，为中国最古老的弹拨乐器之一。琴在孔子时期就已经非常盛行，它在中国历史上流传了 3000 余年不曾中断，在

竹笛

古筝

古琴

20世纪初才被称作“古琴”。琴一般长约三尺六寸五（120—125厘米），象征着一年365天。古琴最初只有五根弦，后增加为七根弦，所以又称七弦琴。古琴的音律高雅，要达到这样的意境，则要求弹琴者必须将外在环境与平和的内在心境合而为一，才能达到很好的艺术境界。在中国古代社会，“琴、棋、书、画”历来被视为文人雅士修身养性的必由之径。因此，古琴千百年来一直是中国古代文人、士大夫钟爱的乐器。直至今日，古琴音乐依然作为中国音乐的灵魂与精髓，铸刻在美国“旅行者”号太空飞船的镀金唱片里，昼夜不息地回响在茫茫的太空之中，寻觅着宇宙间的“知音”。2003年11月7日，联合国教科文组织在巴黎总部宣布了世界第二批“人类口头和非物质遗产代表作”，中国的古琴名列其中。

二胡，始于唐朝，至今已有1000多年的历史。它最早发源于中国古代北部地区的少数民族，所以又叫“胡琴”。它是一种拉弦乐器。明朝和清朝时期，胡琴已传遍全中国，成为民间戏曲伴奏和乐器合奏的主要演奏乐器。到了近代，胡琴才更名为二胡。二胡的音色具有柔

二胡

美抒情的特点，发出的声音极富歌唱性，宛如人的歌声。在中国，著名的二胡乐曲有阿炳的《二泉映月》、刘天华的《良宵》等。阿炳的《二泉映月》以深沉、悠扬而又不失激昂的乐声，撼动着千百万人的心弦。它不仅在国内深得人民喜爱，在国际乐坛上也获得了很高的评价。世界著名指挥家小泽征尔对该曲的评价是："我应该跪下来听。"

马头琴，是一种两弦的弦乐器，有梯形的琴身和雕刻成马头形状的琴柄，是蒙古族民间拉弦乐器。相传有一牧人怀念死去的小马，取其腿骨为柱，头骨为筒，尾毛为弓弦，制成二弦琴，并按小马的模样雕刻了一个马头装在琴柄的顶部，因以得名。马头琴声音圆润，低回婉转，音量较弱，具有深沉粗犷、激昂的特点，体现了蒙古民族的生产、生活和草原风格。2009 年 4 月，蒙古族马头琴被列入第一批国家级非物质文化遗产名录。

马头琴

中国乐器由于其独特的民族特色和民族风格，为世界音乐提供了独具特色的审美样式，富有中国文化内涵。

39. 曲艺

曲艺是中华民族各种说唱艺术的统称，它是由民间口头文学和歌唱艺术经过长期发展而演变形成的一种独特的艺术形式。它以“说”或“唱”为主要的艺术表现手段。据调查统计，在中国仍活跃在民间的曲艺品种大概有 400 个，存在于全国各地。在众多曲艺中，流传较广、比较有影响的主要有相声、小品、评书、评弹、京韵大鼓、快板和二人转等。

相声，起源于北京，流行于全国各地。一般认为相声形成于清朝，是以说笑话或滑稽问答引起观众发笑的曲艺形式。相声主要用北京话讲，各地也有以当地方言说的“方言相声”。相声的表演形式主要有单口、对口、群口三种。单口相声由一个演员表演，讲述笑话；对口相声由两个演员表演；群口相声又叫“群活”，由三个以上的演员表演。相声采用的艺术手段主要有说、学、逗、唱。“说”，就是叙说笑话和打灯谜、绕口令等；“学”，就是模仿各种鸟兽叫声、叫卖声、唱腔和各种人物表情、语言等；“逗”，是互相逗笑；“唱”，专指唱太平歌词。

相声

相声经过长时间的发展，出现了一批著名的相声演员，主要有侯宝林、马三立、马季、姜昆等。相声不仅在中国非常受欢迎，外国人也非常喜欢，并且学习相声。1989 年底，加拿大人大山（Mark Rowswell）就拜著名相声表演艺术家姜昆为师。之后他不断在各地的舞台上和电视屏幕上进行演出，成了一位家喻户晓的“洋笑星”。

小品，指较短的关于说和演的艺术，它的基本要求是语言清晰，形态自然，能够充分理解和表现出各个角色的性格特征和语言特征。小品是一种即兴式的表演，它需要演员具有丰富的生活阅历和鲜活的生活语言。在小品中，最具代表性的是喜剧小品。中国喜剧小品起源于 20 世纪 80 年代初，它是在继承和发展话剧、相声、二人转、小戏等优点的基础上发展起来的。著名的喜剧小品演员有赵本山、陈佩斯等。

评书，也叫评词，流行于中国华北、东北、西北一带；在南方则称为评话。它是中国人民创造的一种口头文学。评书的表演形式，早期为一人坐于桌子后面，以折扇和醒木为道具。醒木是一种敲击桌面的木块，常在开始表演或中间停歇时使用，用来提醒听众安静或警示听众注意，以加强表演效果。演员一般身着传统长衫，说演讲评故事。发展至 20 世纪中叶，多不用桌椅及折扇、醒木等道具，而是站立说演，衣着也不固定为专穿长衫。评书使用的语言以北方语音为基础，以北京语音为标准音调的普通话进行说演。因使用口头语言说演，所以在语言运用上，以第三人称的叙述和介绍为主。著名的评书演员有单田芳等。

评弹，又称苏州评弹，是苏州评话和弹词的总称，是一门古老、优美的说唱艺术。评话通常是一人登台表演，表演内容多为历史演义和侠义豪杰故事。弹词一般两人说唱，以琵琶为伴奏乐器，自弹自唱，内容多为儿女情长的传奇小说和民间故事。评弹主要以苏州方言来进

评弹

行说唱。评弹是一种形式灵活、音乐优美动听的说唱艺术，被称为“中国最美的声音”。

京韵大鼓，主要形成于北京、天津两地。1946 年以前，京韵大鼓有过许多种不同的称谓。1946 年北京成立曲艺公会后，正式统一名称为“京韵大鼓”。京韵大鼓主要伴奏乐器为大三弦与四胡，有时以琵琶。演员自击鼓、板掌握节奏。京韵大鼓比较重视歌唱，主要唱一些短篇曲目。

京韵大鼓

快板

快板，最初是乞丐沿街乞讨时的一种演唱活动，后来经过艺人不断创造，逐渐形成一种特殊的曲艺形式。快板的表演形式一般由演员站着手持竹板敲出节奏，伴以押韵的语言。快板讲究口头即兴编词，看见什么就说什么，擅长随编随唱，表达自己的见解，抒发感情。这要求演员具备良好的语言能力。

二人转，也叫“蹦蹦”。它产生并盛行于东北三省（辽宁、吉林、黑龙江），受到东北群众，特别是农民的喜爱。它是一种有说有唱、载歌载舞、生动活泼的走唱类曲艺形式，大约已有 200 年的历史。二人转的主要表演形式为：一男一女，服饰鲜艳，手拿扇子、手绢，边走边唱边舞，表现一段故事，唱腔高亢粗犷，唱词诙谐风趣。它的唱本语言通俗易懂，幽默风趣，生活气息浓厚，富有地方特色。著名的二人转演员有赵本山等。

中国曲艺种类非常繁多，极大地丰富了人们的娱乐活动。同时，由于中国曲艺具有深厚的中国文化内涵，它也深受外国人的喜欢。

40. 京剧

京剧，又称“京戏”“平剧”“国剧”，也称“皮黄”，是地地道道的中国国粹，因形成于北京而得名。

京剧形成的源头还要追溯到中国几种古老的地方戏剧。清代乾隆五十五年（1790），安徽的四大地方戏班——三庆班、四喜班、春公班、和春班先后进京演出，这四个戏班的演出，在北京获得了空前的成功。由于“徽班”常与来自湖北的汉调艺人合作演出，于是，一种以徽调“二簧”和汉调“西皮”为主，兼收昆曲、秦腔、梆子等地方戏精华的新剧种便诞生了——这就是京剧。一般认为，京剧正式诞生于清代的光绪年间，因京剧之名始见于清光绪二年（1876）的《申报》。也有人认为诞生于清代道光年间。京剧诞生后，便广泛流行于中国的大江南北、城乡各地。20世纪三四十年代尤为盛行，是中国最大的戏曲剧种，当时就有“国剧”之称。直至今天，京剧仍是具有全国影响的大剧种。

京剧行当全面、表演成熟、气势宏美，是近代中国戏曲的代表。其剧目之丰富、表演艺术家之多、剧团之多、观众之多、影响之深均为全国之冠。之所以这样说，是基于以下几个方面的理由：

一是京剧剧目丰富。据统计，京剧传统剧目有1000多部，流传较广的著名剧目有《霸王别姬》《群英会》《三打祝家庄》《三岔口》等。

二是京剧是综合性表演艺术，集唱（歌唱）、念（念白）、做（表演）、打（武打）、舞（舞蹈）为一体，通过程式的表演手段来演绎故事、刻画人物，以表达“喜、怒、哀、乐、惊、恐、悲”的思想感情。所以有人将京剧称作“东方歌剧”，是因为两个剧种都是集歌唱、舞蹈、音乐、美术、文学等于一体的特殊戏剧形式，在形式上极为类似；同时，这两种产生在不同文化背景中的舞台表演艺术，都在各自生存的文化圈中获得了经典性地位。

小生

三是京剧角色分为“生、旦、净、丑”四大行当，“生”是男性正面角色，“旦”是女性正面角色，“净”是性格粗犷鲜明的男性配角，“丑”是幽默滑稽或反面角色。

四是京剧每种角色都有表明身份的脸谱和扮相等，只要演员一上场，观众通过脸谱或扮相一看便知角色的身份。脸谱，就是在人的脸上涂上某种颜色以象征这个人的性格和品质、角色和命运，这是京剧的一大特点，也是理解剧情的关键。一般来讲，红脸含有褒义，代表忠勇者；黑脸为中性，代表猛智者；蓝脸和绿脸也为中性，代表草莽英雄；黄脸和白脸含贬义，代表阴险狡诈者；金脸和银脸是神秘的象征，代表神妖。除颜色之外，脸谱的勾画形式也具有类似的象征意义，例如象征阴险狡诈的粉脸，就有满脸都白的粉脸，也有只涂鼻梁眼窝的粉脸，白粉面积的大小和部位的不同，还标志着阴险狡诈的程度不同，通常来说，面积越大就越狠毒。总之，颜色代表性格，而不同的勾画法则表示性格的程度。所以，在京剧中，人物有忠奸之分、美丑之分、善恶之分，而这种区分通过角色的脸谱即可识别。

花旦

五是京剧表演艺术家之多，在中国

京剧脸谱

戏剧中较为罕见，如程长庚、余三胜、谭鑫培、梅兰芳、荀慧生、尚小云、马连良、程砚秋、余叔岩等人，都是著名的京剧表演艺术家。其中，梅兰芳、荀慧生、尚小云、程砚秋被称为“京剧四大名旦”。

现主要介绍以下几位著名京剧表演艺术家：

程长庚（1811—1880），名椿，清朝同治、光绪时期声名赫赫的京剧表演艺术家，工文武老生，是徽班进京后由演唱徽调、昆腔衍变为京剧的13位奠基人之一。他曾任三庆班主，同仁尊称其大老板，能演300余出戏。他与四喜班张二奎、春台班余三胜，同为京剧第一代演员的三位杰出老生,并称“老生三杰”“老生三鼎甲”,程长庚名列“三鼎甲”之首，被称为“徽班领袖”“京剧鼻祖”。

谭鑫培（1847—1917），籍贯湖北黄陂，出生于武汉市江夏区。著名京剧演员，主攻老生，也曾演武生。他曾拜程长庚、余三胜为师，

“京剧四大名旦”（左起：程砚秋、尚小云、梅兰芳、荀慧生）

并向张二奎、卢胜奎、王九龄问艺，博采众长化为已有，终成一家，与汪桂芬、孙菊仙被誉为“新三鼎甲”，并成为京剧史上第一个老生流派——谭派创始人。

梅兰芳（1894—1961），北京人，祖籍江苏泰州，名澜，艺名兰芳。中国京剧表演艺术大师，四大名旦之一。梅兰芳出身于梨园世家，8岁学戏，9岁拜吴菱仙为师学青衣，10岁登台。后又求教于秦稚芬和胡二庚学花旦。曾于1949年前先后赴日本、美国、苏联演出，并荣获美国波莫纳学院和南加州大学的荣誉文学博士学位。1950年任中国京剧院院长，1951年任中国戏曲研究院院长。梅兰芳在50余年的舞台生活中，发展和提高了京剧旦角的演唱和表演艺术，形成一个具有独特风格的艺术流派，世称“梅派”。其代表作有《贵妃醉酒》《天女散花》《宇宙锋》《打渔杀家》等。纽约《世界报》称：“梅兰芳是所见过的最杰出的演员之一，纽约还从来没有见识过这样的演出。”

荀慧生（1900—1968），祖籍河北东光，初名秉超，后改名慧生，著名京剧表演艺术家，四大名旦之一，“荀派”艺术创始人。荀慧生一生演出了300多出戏，其中代表作有《元宵谜》《玉堂春》《棋盘山》等。

尚小云（1900—1976），出生于河北邢台市，原名德泉。著名京剧表演艺术家，四大名旦之一，“尚派”艺术创始人。

马连良（1901—1966），原籍陕西扶风，生于北京。中国著名京剧表演艺术家，老生行当的代表性人物之一，“马派”艺术创始人，京剧“四大须生”之首，民国时期京剧三大家之一。代表剧目有《借东风》《甘露寺》《清风亭》《四进士》《失空斩》等。

程砚秋（1904—1958），满族正黄旗人，著名京剧表演艺术家，“四大名旦”之一，青衣“程派”创始人。

2006年5月20日，经中华人民共和国国务院批准，京剧被列入第一批国家级非物质文化遗产名录。

41. 昆曲

昆曲，原名“昆山腔”或简称“昆腔”，是中国古老的剧种之一，清代以来被称为“昆曲”，现又被称为“昆剧”。

昆曲早在元末明初之际（14世纪中叶）产生于江苏昆山（属太仓州）一带，它与起源于浙江的海盐腔、余姚腔和起源于江西的弋阳腔，被称为明代四大声腔，同属南戏系统。

由于昆班的广泛演出活动，万历末年，昆曲经扬州传入北京、湖南，跃居各腔之首，成为传奇剧本的标准唱腔，“四方歌曲必宗吴门”。明末清初，昆曲又流传到四川、贵州和广东等地，发展成为全国性剧种。昆曲的演唱本来是以苏州的吴语语音为载体的，但在传入各地之后，便与各地的方言和民间音乐相结合，衍变出众多的流派，构成了丰富多彩的昆曲腔系，成为具有全民族代表性的戏曲。至清朝乾隆年间，昆曲的发展进入全盛时期，从此昆曲开始独霸梨园，绵延至今六七百年，成为现今中国乃至世界现存最古老的具有悠久传统的戏曲形态。昆曲因此也被称为“百戏之祖，百戏之师”“中国戏曲之母”，许多地方剧种，像晋剧、蒲剧、上党戏、湘剧、川剧、赣剧、桂剧、邕剧、越剧和粤剧、闽剧、婺剧、滇剧等，都受到过昆剧艺术多方面的滋养。

昆曲的伴奏乐器，以曲笛为主，辅以笙、箫、唢呐、三弦、琵琶等。昆曲的表演，有它独特的体系、风格，最大的特点是抒情性强、动作细腻，歌唱与舞蹈的身段结合得巧妙而和谐。

昆曲在长期的演出实践中，积累了大量的上演剧目。其中有影响而又经常演出的剧目有：王世贞的《鸣凤记》，汤显祖的《牡丹亭》《紫钗记》《邯郸记》《南柯记》，沈璟的《义侠记》，高濂的《玉簪记》，李渔的《风筝误》，朱素臣的《十五贯》，孔尚任的《桃花扇》，洪昇的《长生殿》等。另外还有一些著名的折子戏，如《游园惊梦》《阳关》《三醉》《秋江》《思凡》《断桥》等。同时，还涌现出一批著名的昆曲艺术家，如魏良辅、俞振飞、田瑞亭、王瑾、单雯、白先勇等。

在昆曲发展的600多年时间里，汤显祖的“临川四梦”以其丰厚的文学底蕴和凄美的艺术风格与昆曲艺术的发展紧密相连。由昆曲演出的“临川四梦”，是昆曲演出中频率较高的经典剧目。下面，我们将详细介绍汤显祖与他的“临川四梦”。

汤显祖，江西临川人，生于明世宗嘉靖二十九年（1550），卒于明神宗万历四十四年（1616）。汤显祖出身书香门第，他不仅精通文章和诗歌，而且还通晓天文、地理、医学和戏剧创作。在汤显祖的一生中，最重要的就是创作了《牡丹亭》《紫钗记》《邯郸记》《南柯记》四部戏剧。因为剧中都涉及梦境，所以又称“临川四梦”。

《牡丹亭》讲述了杜丽娘和柳梦梅的爱情故事。剧情内容主要是：

昆曲

贫穷书生柳梦梅梦见在一座花园的梅树下站着一位美人，从此便经常思念她。而女主人公杜丽娘，长得非常漂亮。一天，她在睡梦中见到一个读书人手拿垂柳前来求爱，于是两人在牡丹亭边幽会。杜丽娘从此愁闷消瘦，一病不起。她在弥留之际要求母亲把她葬在花园的梅树下，并将自己的画像藏在太湖石底。三年后，柳梦梅去京城参加科举考试，借宿梅花观中，在太湖石下拾得杜丽娘画像，发现就是梦中见到的美人。不久，杜丽娘的魂魄和柳梦梅幽会。最后，柳梦梅挖开坟墓，打开棺材，杜丽娘起死回生，两人结为夫妻。《牡丹亭》中的故事非常感人，表现的是青年男女对自由爱情的追求，文字也非常优美。《牡丹亭》问世后，盛行一时，许多人为之感动。一位娄江的女读者俞二娘在读了《牡丹亭》以后，终日郁郁寡欢，最后忧愁而死。这说明《牡丹亭》有着极为感人的艺术力量。

《邯郸记》，写的是穷人卢生在邯郸道旅舍中遇到道士吕洞宾，吕洞宾给他一个枕头，卢生立即进入梦中。在梦中卢生娶到名门女子，考中进士，并当了20年宰相。但一觉醒来，店主煮的米饭才刚刚煮熟。卢生感觉人生虚幻，于是跟随吕洞宾出家做了道士。

《南柯记》，写的是淳于棼酒醉后梦入槐安国（即蚂蚁国），被招为驸马，和瑶芳公主成婚。后任南柯太守。公主死后，被召回宫中，升为宰相。最终因为他淫乱无度，终于被驱逐出国。当他醒来时，发现却是一场梦，最后出家当了和尚。

《紫钗记》是根据作者早年写作的《紫箫记》改编而成的。写的是霍小玉所戴的紫玉钗在元宵夜丢失，为李益拾得，于是李益向霍小玉求婚。李益与霍小玉成婚后，考取了状元。但卢太尉从中破坏李益和霍小玉的婚姻，导致他们两人分离。最后，李益和霍小玉夫妻克服重重困难，最终团聚。

汤显祖和他的“临川四梦”在中国戏剧史上具有重要的地位和

汤显祖雕像

影响。特别是《牡丹亭》，在舞台上演出了 400 多年，仍非常受欢迎。至今，《牡丹亭》依然在舞台上演出，并进入大学校园。从 20 世纪初起，汤显祖的剧作就不断被翻译成各国文字，在国外争相上演，并大受欢迎。正是由于汤显祖的杰出戏剧创作，他被人们称为“东方的莎士比亚”。

2001 年 5 月 18 日，联合国教科文组织在巴黎宣布第一批“人类口述和非物质遗产代表作”名单，共有 19 个申报项目入选，其中就包括中国的昆曲艺术。中国成为首次获此殊荣的 19 个国家之一。

42. 地方戏

中国的戏曲有着悠久的历史，是世界上一种独特的戏剧艺术。由于中国地域辽阔，民族众多，各地的方言不同，除了京剧以外，还形成了丰富多彩的地方戏。据统计，中国的地方戏遍及全国各地，有

300多种，可以称得上世界之最，其中影响比较大的有豫剧、越剧、黄梅戏、评剧、采茶戏、粤剧、永年西调、藏戏等。

豫剧，又称河南梆子、河南高调。豫剧诞生于开封，起源于明朝中后期，有400多年的历史。目前除河南外，山东、江苏、安徽、山西、河北、湖北、北京、陕西、四川、甘肃、青海、宁夏、新疆、台湾等省市区都有专业豫剧团分布，豫剧已经发展成为具有全国影响的剧种。豫剧的声腔，有的高亢活泼，有的悲凉缠绵，能够表演各种风格的剧目，传统剧目有1000多出，为首批国家级非物质文化遗产名录。著名演员有陈素真、马金凤、常香玉、牛得草、阎立品等，代表剧目有《宇宙锋》《穆桂英挂帅》《红娘》《抬花轿》《春秋配》《七品芝麻官》《花木兰》《朝阳沟》《程婴救孤》等。

越剧，发源于浙江嵊州，成熟于上海，流传于上海和浙江东部，在发展中汲取了昆曲、绍剧等特色剧种之大成，经历了由男子越剧到女子越剧为主的历史性演变，被收入首批国家级非物质文化遗产名录。越剧唱腔委婉、表演细腻抒情优美。著名演员有袁雪芬、王文娟、徐玉兰等，代表剧目有《红楼梦》《梁山伯与祝英台》等。

黄梅戏，是安徽省的地方戏之一，起源于湖北省黄梅县的采茶歌，旧时称为黄梅调，主要流行于安徽省安庆市周边地区及江西、湖北的部分地区。黄梅戏载歌载舞，唱腔委婉动听，表演朴实优美，生活气息浓厚，受到人们普遍的欢迎。著名演员有严凤英、王少舫、马兰等，演出的传统剧目有《天仙配》《女驸马》《牛郎织女》等。

评剧，最初是在河北民间说唱“莲花落”的基础上发展起来的，又先后吸收了其他剧种和民间说唱的音乐和表演形式，于清朝末年形成了评剧。评剧具有活泼、自由、生活气息浓郁的特点，擅长表演现代生活。著名演员有小白玉霜、新凤霞等，代表剧目有《秦香莲》《小女婿》《刘巧儿》等。

采茶戏，是流行于江西、湖北、湖南、安徽、福建、广东、广西等省区的一种传统戏曲类别。主要由当地茶农采茶时所唱的歌曲小调结合民间歌舞发展而成。在各省区，常以流行的地区不同，而冠以各地的地名来加以区别。如广东的“粤北采茶戏”，湖北的“阳新采茶戏”“黄梅采茶戏”“蕲春采茶戏”等。采茶戏尤以江西较为普遍，剧种也多。如江西采茶戏，即有“萍乡采茶戏”“赣南采茶戏”“抚州采茶戏”“南昌采茶戏”“高安采茶戏”“武宁采茶戏”“赣东采茶戏”“吉安采茶戏”“景德镇采茶戏”和“宁都采茶戏”等。这些剧种虽然名目繁多，但它们形成的时间，大都在清代中期至清代末年。采茶戏的经典曲目主要有《赵玉林》《青龙山》《三家福》《卖花记》《九龙杯》等。

粤剧，是广东省的主要剧种，主要流行于广东、广西和闽南一带。居住在东南亚、美洲、欧洲和大洋洲的华侨、华人及港澳同胞也十分喜爱粤剧。明清时期，中国的许多剧种流传到了广东，这些剧种的声腔与广东音乐、民间曲调相结合，逐渐形成了一个新的剧种——粤剧。粤剧用广东方言演唱，形成了自己独特的风格。著名演员有红线女、马师曾等，代表剧目有《搜书院》《关汉卿》等。

永年西调，原系流入河北的山西上党梆子。旧称泽州府（今山西晋城）调，流行于河北省南部的永年、广平、曲周、大名、邱县、武安、鸡泽、肥乡、磁县及邢台地区。目前，河北境内仅永年有一个西调专业剧团。2006 年 6 月永年西调被列入河北省非物质文化遗产，2008 年 6 月永年西调被列入第二批国家级非物质文化遗产名录 ，著名西调表演艺术家张海臣先生为该遗产传承人。主要演员有张海臣、韩建华、刘筱林等，常演剧目有《八郎刺萧》《潘杨讼》《海瑞告状》《闹书院》等。

藏戏，其藏语名叫“阿吉拉姆”，意思是“仙女姐妹”。据传藏戏最早由七姐妹演出，剧目内容又多是佛经中的神话故事，故而得名。藏戏起源于 8 世纪藏族的宗教艺术。17 世纪时，从寺院宗教仪式中分

藏戏

粤剧

藏戏面具

离出来，逐渐形成以唱为主，唱、诵、舞等基本程式相结合的生活化的表演。藏戏唱腔高亢雄浑，基本上是因人定曲，每句唱腔都有人声帮和。藏戏原系广场剧，只有一鼓一钹伴奏，无其他乐器。藏戏的服装从头到尾只有一套，演员不化妆，主要是戴面具表演。藏戏有白面具戏、蓝面具戏之分。藏戏的传统剧目相传有“十三大本”，经常上演的是《文成公主》《诺桑法王》《朗萨雯蚌》《卓娃桑姆》《苏吉尼玛》《白玛文巴》《顿月顿珠》《智美更登》“八大藏戏”。2006 年 5 月 20 日，藏戏被批准列入第一批国家级非物质文化遗产名录。

地方戏作为中国传统文化的重要组成部分，尽管其创作和演出仍在进行，但地方戏观众的流失和市场的萎缩，就总体而言却是不争的事实。这就需要地方戏迅速适应变化的世界，在文化生态发生变化时进行自我调适，焕发出新的活力和魅力！

藏戏面具

后 记

文学与艺术是中国文化花园中两朵靓丽的花朵，它们不仅丰富了中国人的精神世界，还塑造了中国人特有的审美情趣。读者通过对中国文学和艺术的了解，可以更好地认识和了解中国文化，乃至了解中国。

本书主要由七章构成，分别为第一章古典文学、第二章上古神话、第三章民间传说、第四章史诗叙事、第五章四大名著、第六章近代文学、第七章经典艺术。内容上，既有整体的综述，又有具体的介绍；既尽量做到大体上的全面，又非常注重突出中国特色。其中第一章、第二章、第三章、第四章、第五章、第七章由黎清执笔，第六章由倪爱珍执笔。

需要说明的是，本书内容是在《中国文化 ABC》的基础上增删而成，有些保留了原作者的内容，在此表示感谢。写作过程中，也参考了一些学者的相关成果，由于体例关系不一一列出，在此亦表示感谢。同时还要感谢编辑的辛勤付出。由于编者水平有限，书中可能出现不少错误，敬请读者批评指正。

编　者

2018 年 6 月 21 日

图书在版编目（CIP）数据

中国文化 ABC. 文学与艺术 / 朱法元，夏汉宁主编 . -- 南昌：江西人民出版社，2018.8

ISBN 978-7-210-10656-2

Ⅰ．①中… Ⅱ．①朱…②夏… Ⅲ．①中华文化－对外汉语教学－教材 Ⅳ．① H195.4

中国版本图书馆 CIP 数据核字（2018）第 162742 号

中国文化 ABC：文学与艺术

朱法元　夏汉宁　主编

责任编辑：邓慧敏
封面设计：上尚设计
出版、发行：江西人民出版社
经　　销：各地新华书店
地　　址：江西省南昌市三经路 47 号附 1 号（邮编：330006）
编辑部电话：0791-86898137
发行部电话：0791-86898815
网　　址：www.jxpph.com
E-mail:jxpph@tom.com　web@jxpph.com
2018 年 8 月第 1 版　2018 年 8 月第 1 次印刷
开　　本：787 毫米 × 1092 毫米　1/16
印　　张：9
字　　数：100 千字
ISBN 978-7-210-10656-2
赣版权登字—01—2018—616
定　　价：38.00 元
承 印 厂：江西华奥印务有限责任公司